DANGDAI

ZHONGGUO

JIAZHI

JIAOYU

YANJIU

当代中国价值教育研究

石中英 / 丛书主编

学校决策的
价值追寻

汪正贵 / 著

Pursuing the Value of
School Decision Making

▶ ▶ ▶

北京师范大学出版集团
BEIJING NORMAL UNIVERSITY PUBLISHING GROUP
北京师范大学出版社

图书在版编目(CIP)数据

学校决策的价值追寻 / 汪正贵著. —北京：北京师范大学出
版社，2025.1
（当代中国价值教育研究）
ISBN 978-7-303-28187-9

Ⅰ.①学… Ⅱ①汪… Ⅲ.①中小学—学校管理—决策准
则—研究—中国 Ⅳ.①G637

中国版本图书馆 CIP 数据核字(2022)第 191013 号

图书意见反馈 gaozhifk@bnupg.com 010-58805079
营销中心电话 010-58802755 58800035
编辑部电话 010-58807068

XUEXIAO JUECE DE JIAZHI ZHUIXUN
出版发行:北京师范大学出版社 www.bnupg.com
　　　　 北京市西城区新街口外大街 12-3 号
　　　　 邮政编码 100088
印　　刷:北京盛通印刷股份有限公司
经　　销:全国新华书店
开　　本:710 mm×1000 mm　1/16
印　　张:16
字　　数:165 千字
版　　次:2025 年 1 月第 1 版
印　　次:2025 年 1 月第 1 次印刷
定　　价:56.00 元

策划编辑:鲍红玉　郭兴举　　责任编辑:鲍红玉　钱君陶
美术编辑:焦　丽　　　　　　　装帧设计:焦　丽
责任校对:段立超　王志远　　　责任印制:马　洁

序

2022 年 10 月，党的二十大胜利召开，习近平总书记在大会上作了《高举中国特色社会主义伟大旗帜 为全面建设社会主义现代化国家而团结奋斗》的报告。报告明确提出新时代新征程中国共产党的使命任务："从现在起，中国共产党的中心任务就是团结带领全国各族人民全面建成社会主义现代化强国、实现第二个百年奋斗目标，以中国式现代化全面推进中华民族伟大复兴。"[①]为团结带领全国各族人民更好地朝着第二个百年奋斗目标努力，习近平总书记特别指出，要在全社会广泛践行社会主义核心价值观，"社会主义核心价值观是凝聚人心、汇聚民力的强大力量"[②]，并就新时代如何广泛践行社会主义核心价值观作出具体指示：要弘扬以伟大建党精神为源头的中国共产党人精神谱系，用好红色资源，深入开展社会主义核心价值观宣传教育，深化爱国主义、集体主义和社会主义教育；突出理想信念教育在社会主义核心价值观教育中的首要地位，推动

① 习近平：《高举中国特色社会主义伟大旗帜 为全面建设社会主义现代化国家而团结奋斗》，21 页，北京，人民出版社，2022。
② 习近平：《高举中国特色社会主义伟大旗帜 为全面建设社会主义现代化国家而团结奋斗》，44 页，北京，人民出版社，2022。

理想信念教育常态化制度化，持续抓好"四史"（党史、新中国史、改革开放史、社会主义发展史）教育，引导广大人民包括青少年知史爱党、知史爱国，不断坚定中国特色社会主义的共同理想；要努力用社会主义核心价值观铸魂育人，构建大中小学一体化的思想政治教育工作体系；要坚持依法治国和以德治国相统一，将社会主义核心价值观纳入法治建设、融入社会发展、融入日常生活。这些重要论述，为党的二十大之后深化社会主义核心价值观教育乃至全部的价值观教育提供了思想遵循和实践指南。有了这些重要思想的指引，未来我国的社会主义核心价值观教育必将进一步深化、具体化和生活化，成为全体人民全面建设社会主义现代化强国的精神纽带，为亿万青少年成长为堪当民族复兴大任的时代新人指明价值方向。

价值观教育是立德树人和全面发展教育的重要组成部分，也可以说是一个核心的部分。德智体美劳"五育"都肩负着价值观教育的重任，价值观教育与健康人格的培育也有内在的关联。健康和高尚的人格其实就是正确、积极和高尚的价值观的内化和主体化。也正因为这样，古今中外的教育莫不重视价值观教育。就是那些宣称不赞成学校进行价值观灌输的学者们，其实也是在以一种"不教"（不直接灌输）的方式进行某种特定的价值观（如自由主义的价值观）教育。从这个角度来说，不存在不进行任何价值观教育的学校，学校教育永远不可能在价值观的真空中进行。至于学校进行何种价值观教育，则完全取决于学校所处的时代和社会背景。在不同的时代、不同的社会背景中，人们接受着不同的价值观教育。学校中的价值观教育，往往与社会上占主导地位的价值观具有高度的一致性。这是一个显而易见的社会事实。就我国而论，古代社会的价值观教育当然不同于近代和当代社会的价值观教育，社会制度不同，学校里开展的价值观教育的目的、内容、途径和方法当然也会不同。就西方而论，古希腊时期学校所重视的核心价值观、古罗马时期所重视的核心价值观，以及后来中世纪所重视的核心价值观、文艺复兴时期学校所重视的价值观和近代资产阶级革命时期学校所重视的价值观也都存在很大的不同。社会生产力与生产关系的基础变了，占主导地位的价值观自然会发生很大的变化，学校里所开展的价值观教育也会发生相应的变化。这体现了价值观和价值观教育的历史性、社会性。那种认为从古到今、从中到外，存在一种永恒不变的、普遍合理的价值观体系和价值观教育模式的观念，是不符合历史与社会事实的。

当然，在看到价值观和价值观教育的历史性与社会性的同时，并不意味着否认不同时期价值观和价值观教育的继承性，以及不同社会背景下价值观和价值观教育的共同性。在任何一个社会中，学校里所开展的价值观教育都有着源远流长的传统，虽然很多价值观的内涵和外延随着时代变迁发生了很大的变化。不同社会背景下学校里开展的价值观教育，也常常有许多共同的地方，虽然大家对于同样一种价值观的理解和行为表现方式存在差异。在价值观教育实践中，处理好古与今、中与外、抽象与具体、变与不变等的关系，是教育者的一项基本任务。

我国的学校非常重视价值观教育，这也是一个不争的事实。只不过，在党的十八大之前，价值观教育并没有作为教育实践的一个相对独立部分被教育者、学习者认知，往往包裹在思想政治教育、道德教育、心理健康教育、智育、美育、体育、劳动教育等丰富多彩的教育实践活动中。思想政治教育中常常进行政治价值观、经济价值观和文化价值观的教育，如"爱党""爱国""爱人民""爱劳动""爱社会主义"以及"合法经营""文化宽容"等。道德教育当然主要是开展道德价值观的教育，这里面既包括一些政治价值观（"大德"），也包括一些社会价值观（"公德"），还包括一些个体价值观（"小德"或"私德"）。在心理健康教育中，也常常开展一些诸如"尊重""换位思考""自我悦纳""宽容"的价值观教育。至于智育、美育、体育、劳动教育，则更是包含着丰富的价值观教育内容。党的十八大之后，价值观教育作为教育的一个重要组成部分被提出来，有助于我们进一步增强对价值观教育重要性的认识，并且整合各育当中的价值观教育因素，形成学校整体的价值观教育行动框架。党的十八大、十九大、二十大对社会主义核心价值观教育的重要论述和政策部署，为推动我国大中小学的价值观教育提供了重要的思想指导和政策支撑。

人的价值观形成是有规律的，以此为基础，学校的价值观教育也是有规律的。违背人的价值观形成和学校价值观教育的规律，价值观教育的有效性就会大打折扣。如以前教育界常常批评的"小学讲共产主义，中学讲社会主义，大学讲人生观教育"的现象，究其实质而言，就是没有能够很好地反映一个人的政治价值观和人生价值观形成的规律，出现了某种价值观教育目标、内容、途径和方法的"倒置"现象，最终难以在青少年心中形成正确的、稳定的价值观体系，并影响到他们的健康成长。又如，在价值观教育中，培育学生的价值理性，帮助学生形成在多种价值观中进行比较、分析、判断和选择的能力至关重要。但是，以往的价值观教育往往不太注重价值理性的培育，导致学生不知道如何分析不同的价值观，在各种价值观面前缺少分辨力和判断力，容易受到不良价值观的影响。再如，对青少年学生的价值观教育，有直接和间接两种途径。直接途径就是开展价值观教学，围绕某些价值主题开展学习，这是思想政治课或道德与法治课的任务。间接途径则是通过整个学校的生活方式开展潜移默化的价值观教育。从这个角度来说，学校的文化、制度等都具有价值观教育的意义，提高学校校长和教师的价值领导能力就变得至关重要。在全党全社会都非常重视青少年价值观教育的今天，加强对人的价值观形成规律和价值观教育规律的研究，探索人的价值观形成和学校价值观教育（包括某些特定价值观教育）规律的研究，就变得极其重要。

正是基于上述政策背景和实践考虑，我们组织出版了"当代中国价值教育研究丛书"。这套丛书从主题上看，都是研究价值观教育问题的，其中有研究教育中的价值判断问题的，有研究价值理性及其培育的，有研究共同价值培育的，有研究价值品质的，有研究儿童宽容价值体验的，有研究儿童正义感及其培育的，有研究学校决策中的价值准则与价值追求的，还有研究教师的价值教育意识的。这些主题都非常前沿，在理论上有较好的创新性，整体而言是对新时代我国价值观教育理论研究的贡献。在这套丛书中，我自己承担了《价值教育哲学导论》一书的撰写，该书试图系统地讨论价值（观）教育的哲学基础问题，建构价值教育哲学的基本框架，并对当前我国价值教育实践中的一些基本问题和重大问题开展哲学分析。我衷心地希望该丛书的出版能够为新时代我国大中小学的价值观教育，特别是社会主义核心价值观教育的开展提供一些可资借鉴的理论资源，能够激发更多的学者特别是青年教育学者参加到价值观教育的理论、政策和实践研究中来。丛书在充分借鉴国外价值观教育理论成果的同时，着力构建中国本土的价值观教育理论体系，更好地服务新时代社会主义核心价值观教育，以期培养和造就德智体美劳全面发展的社会主义建设者和接班人。

丛书的出版得到了北京师范大学出版社教师教育分社社长郭兴举编审和鲍红玉编辑的大力支持。在此我代表丛书作者对两位老师的策划和辛勤付出表示衷心的感谢。由于水平有限，丛书中难免存在不足，敬请各位读者批评指正！

石中英

2022 年 11 月 24 日

目　录

学校决策的价值之维

　　问题是时代的格言，是表现时代自己内心状态的
最实际的呼声。……主要的困难不是答案，而是问
题。因此，真正的批判要分析的也不是答案，而是
问题。

——[德]卡尔·马克思

第一节　问题提出

一、问题缘起

　　作为学校管理一线的教育工作者，我前后做了 20 多年中学校长，在长期的学校管理工作中，经常遇到决策中的价值两难与困境。比如，当眼前与长远、局部与全局利益发生冲突的时候，学校决策究竟是着重于学校的长远发展还是短期的政绩？是更多地关注学校自身的利益还是更大范围的利益？当教

师与学生、学校与家长、上级与下级之间存在价值冲突时，是教师第一还是学生第一？是服从上级还是遵从下级？当目的与手段、动机与结果、程序与实质、情理法等层面出现价值两难时，是强调目的与动机，还是重视过程与结果？是更多地关注合理性还是合法性？当教育的均衡与发展、公平与效率发生矛盾时，是更多地关注均衡与公平还是效率与发展？当学校管理中自由与纪律、统一与个性需要价值选择时，是更多地考虑学校的法纪和统一性，还是更多地关注学生的自由与权利？等等。在日常的学校决策中，许多现实的困扰与压力，如行政权力的过度干预，人情与关系的纠葛，利益的多元诉求，角色冲突与观念分歧等，常常使人措置失宜。

　　询之同行与前辈，发现有相同的感受，却有不同的做法，但似乎都没有明确的尺度与法则。学校决策的价值困境是普遍性的问题，却没有普遍性的指引。"通常，我们不把这种困境视为伦理问题，而只把它当作实际工作中的问题。可是，从根本上说，这种困境涉及我们是如何有意或无意地对价值观和原则进行排序的。因此，它们既是实际工作中的问题，也是伦理问题。"①库珀这里指的"伦理问题"，其实是决策的价值问题，即在决策中如何进行价值判断、价值排序和价值选择。在面临价值冲突与价值困境时，学校决策者做出选择时的价值态度、立场与倾向，便是决策的价值取向。

―――――――――

　　① ［美］特里·L.库珀：《行政伦理学：实现行政责任的途径（第 5 版）》，张秀琴译，96 页，北京，中国人民大学出版社，2010。

在学校管理实践中，作为决策者，我们有时也跳出自身，回望和远观自己参与的学校决策行为，审视和反思学校决策实践背后的价值取向：在价值两难中，究竟是何种因素决定了最后的选择？其内隐的价值取向到底是什么？这些价值取向的实践逻辑是什么？站在教育的立场上看，这些价值取向的教育性存有几许？学校决策所面临的基本难题并不是做出决策行为本身，那是一秒钟之内就可以完成的事情，难的是对支配决策行为的各种价值原则或立场的判断与选择。决策意味着选择，选择意味着责任；特别是面临价值冲突的选择，决策者常常受到现实与道德的双重压力。当下的社会价值观念多元、价值主体多元和利益诉求多元，必然带来决策的价值困境。学校决策者必须要有价值指引，并据此进行价值澄清和价值判断，然后才能做出恰当的价值选择。如果没有合适的价值指引，学校决策者不仅始终处在伦理的压力之中，也可能因为价值错位，造成决策的负价值或零价值。

目前对于学校决策的价值研究尚显不足。过去对决策的研究基本上遵循两条路径展开：一条路径集中在理性层面和技术层面，假设人是完全理性的，决策是决策者的一种理性行为的系列过程，是"设定议程、再现问题、搜索备选方案和选择方案的子过程"[①]。这一路径的研究，主要从决策认知和思维层面研究决策的方法与技术，如决策树、概率计算、决策模型、风

[①] ［美］赫伯特·A. 西蒙：《管理行为》，119 页，詹正茂译，北京，机械工业出版社，2013。

险评估、信息收集、后果评判等，试图从理性的角度来解释决策产生的思维过程，从而建构决策理论。第二条路径集中在心理层面，假设决策具有非理性的因素，并不是完全理性的行为。其研究主要侧重于决策产生的心理过程，偏向于研究情感、情绪、直觉、灵感等心理因素对决策的影响，尝试从非理性的角度来解释决策的心理与行为。

赫伯特·A. 西蒙从这两个维度对管理与决策作了如下的概括：管理理论的词汇必须从人类抉择的逻辑学和心理学中导出。他认为决策行为主要是理性逻辑和心理逻辑两个维度的展开。他本人对决策的研究主要侧重于理性逻辑的一端。其实，决策还有更为重要的维度——价值维度，却鲜有相关研究。决策行为本质上是一种价值活动，是面对问题及其解决策略的价值判断和价值选择。这种选择与判断，是决策者理性认知与非理性因素共同作用的结果，通过决策者自身的价值观念而最终得以实现。

决策是一个"黑箱"。目前学界关于决策的研究尚停留在事实分析和技术分析的阶段，它还处在自己的摇篮时代。决策行为只是冰川露在海面的一角，而淹没在海面下的巨大冰川体，即决策者的价值观和价值取向，才是决策行为的影响源。尤其当冲突发生时，影响决策的核心要素是决策者的价值取向。今天的大多数心理学研究者都认同一个说服力极强的假设，即思想与信念导致行为。①这里的思想与信念就是价值层面的观念，也即人的价值观和价值取向，这是最终影响决策行为的决定性要素。因而对决策的价值之维进行研究极具价值，值得重视。

学校作为一个社会组织，以立德树人为根本任务，其最主要的特征是教育性。学校决策不同于其他类型组织的决策，它关乎人的成长。因此，从价值的维度来研究学校决策，更加具有现实意义。通过对学校决策的价值维度的研究，可以将学校决策行为的理性与非理性、科学性与艺术性、社会因素与心理因素等相对立的两端统一起来，使之在更高的价值范畴里获得相容性。

学校决策是一种价值活动。第一，学校决策是价值判断、价值选择与价值平衡的过程。管理就是决策，决策就是抉择。人的行为总是有逻辑的，不管是自觉的还是不自觉的、显性的还是隐性的、主动的还是被动的行为，总是受一定的价值观念支配。学校决策过程是一个选择过程，决策就是取舍，选择做什么，其实也是选择不做什么；选择这种做法，也是舍弃另外一些做法；满足这些主体的需要，也是舍弃另外一些主体的需要。选择的本质是取舍。当决策主体面临选择时，就涉及价值问题。选择并不是自由的，"自由是一个悖论。自由意味着获得更多的选择权，选择却意味着再度失却自由"②。这其实说明

---

① ［美］雷德·海斯蒂，罗宾·道斯：《不确定世界的理性选择——判断与决策心理学》，谢晓非、李纾等译，15页，北京，人民邮电出版社，2013。

② 张颖：《自由的悖论》，载《读书》，2013(7)。

选择并非随心所欲，而是受制于决策者的价值观念和价值取向。在学校管理实践中，经常要做各种程序性和非程序性的决策，这些决策关涉学校的办学目标与愿景、战略设计与规划、利益关系的调适、矛盾与冲突的解决等。在这些决策实践中，无论是办学方向的选择、办学规划的设计，还是办学路径的确定，都是一种价值选择，体现了决策行为背后的价值观念和价值取向。在决策实践中，学校决策者经常遇到各种矛盾和冲突，学校与家长、学校与社会、学校与政府以及学校内部诸要素之间存在着错综复杂的利益冲突。如何调适这些矛盾，是学校管理者需要深思的问题。

第二，学校决策是价值创造和实现的过程。"所谓价值，就是指客体对于主体具有积极意义，它能够满足人、阶级和社会的某种需要，成为他们的兴趣、意向和目的。"①决策过程是使主体的某种需要与客体属性之间建立关系的过程。学校决策从一定意义上讲是价值的创造过程，因为决策使价值主体与价值客体之间的价值关系得以建立和发生。决策是利益的表达与整合。学校的教育资源总体上是有限的，如何配置与利用这些资源取决于将哪些群本的利益置于优先考虑的地位，本质上也是一种价值考量。决策存在着"正确"与"好"两个目标维度。学校决策追求的是正价值，一切以培养人为出发点和落脚点，创造了正价值的决策就是好的决策，是正确的决策。决策者正是

---

① 袁贵仁：《价值观的理论与实践——价值观若干问题的思考》，4页，北京，北京师范大学出版社，2006。

在创造价值的过程中实现了自身的价值。

总之，从价值哲学和管理哲学的视角来看，人是价值的动物，理性与非理性在人的决策行为中的统一，皆归结于人的价值观念及实践中的取向。学校决策行为作为一种价值活动，既是价值判断与价值选择的过程，也是价值创造和价值实现的过程。决策行为的背后，总是受特定的价值观念和价值取向的制约。学校决策不仅是技术问题，更是价值问题；学校决策的价值取向不仅是理论问题，更是实践问题。研究学校决策的价值取向，给予学校决策者价值依据和价值指引，无疑具有现实与理论的双重意义。

二、问题及主要概念

本书的研究领域是中小学学校决策，选取的研究角度是价值视角，研究的核心问题是学校决策价值取向的实践逻辑。具体问题包括：学校决策中的价值冲突及其原因是什么？学校决策实践中的主要价值取向是什么？学校决策价值取向背后的深层逻辑是什么？学校决策的"应然"价值目标是什么？学校决策价值取向的"应然"与"实然"之间的改进策略是什么？本研究的重点旨在揭示学校决策实践中的价值困境，分析价值困境下学校决策的价值取向及其实践逻辑，并尝试建构学校决策的价值目标模型。主要概念如下所述。

（一）决策与学校决策

关于决策的概念，归纳起来主要有三种理解：一是广义的理解，认为决策是提出问题、确立目标、设计和选择方案的过程；二是狭义的理解，把决策看作选择，即从几种备选方案中做出最终的抉择；三是认为决策是对不确定条件下发生的事件所做的决定。这类事件既无先例，也无可遵循的规则，做出选择要冒一定的风险。也就是说，只有冒一定风险的选择才是决策。这是对决策概念最狭义的理解。在上述三种理解的基础上，我们认为，决策是指组织或个人为了实现某种目标而对未来一定时期内有关活动的方向、内容及方式做出选择或调整的过程。

根据决策的概念，可以将学校决策定义为学校组织对学校事务进行是否作为和如何作为的选择与决定。学校决策是一个系列过程，可以划分为设定议程、再现问题、搜索备选方案和选择方案的子过程。学校决策一般具备如下几个要素：决策主体、目标、方案及选择、行动及后果。学校决策主体可以是组织（集体），也可以是个人，我们所讨论的主要是组织决策。从决策目标来看，目标是学校决策的方向和指引，没有目标就没有决策，目标是决策的核心要素。方案与选择是另一个核心要素，因为决策是一种选择，学校决策是在两种以上方案中做出抉择。学校决策必然指向行动及其后果，没有付诸实施的决定不能称为决策。

学校决策在管理中的作用体现在三个方面。第一，决策行为是学校管理的核心，管理就是决策；第二，决策是学校管理者的主要职责，体现着学校管理者的能力、责任与价值观；第三，决策总是指向管理行为和后果，直接关系着学校管理的方向与绩效。

根据不同维度，可以将学校决策划分为不同类型。按决策的影响范围和重要程度，学校决策可以分为宏观决策、中观决策和微观决策，或者分为战略决策和战术决策。关于学校发展的战略方向和远期目标的决策属于宏观决策，主要解决的是"到哪里去"的问题；关于学校教育教学管理问题的决策属于中观决策，主要解决的是"怎么去"的问题；在学校中还有大量微观决策，是在学校管理过程中偶发事件的决策。按决策的机制，学校决策可分为程序化决策和非程序化决策。一般来说，按照正式的决策程序进行的决策属于程序化决策；对于有些突发的、紧急的事件，来不及按照规定程序进行的决策属于非程序化决策。按决策的问题条件不同，学校决策可分为完全条件决策、风险型决策和不完全条件决策。完全条件决策是指决策的信息完备、结果明确，并且有可供选择的与目标相一致的多种方案；对于决策的结果存在着负面风险的决策属于风险决策；信息不完整、结果不明确、方案不满意的决策属于不完全条件决策。

我们所讨论的学校决策，是指基础教育阶段中小学学校的决策。从决策程序而言，是指学校经常性的程序化决策。就决策形式而言，主要是学校的组织决策。2022 年以前，中小学校实行的是校长负责制，校长个人在决策中起着主要作用，但是在现实中，组织中的任何个人都不可能实行完全意义上的个体决策。因此，我门研究学校决策，主要从学校组织决策的层面来进行分析，并将校长的个人决策视为组织决策中的个体行为来加以研究。

(二)价值、价值观、价值取向

关于价值的定义主要有三种观点。第一种是主体需要说，着重从主体的角度来理解价值，认为价值因主体而产生，主体的需要是价值的尺度。第二种是客观属性说，主要从客体的角度来理解价值，认为客体是价值的载体，客体的属性与功能是价值的来源与依据，因而价值具有客观性。第三种是关系说，从主客体的关系来理解价值，认为价值是主客体之间的一种特殊关系，是主客体的统一。而在主体需要和客体属性之间，对于价值的确定而言，三体需要居于主导地位。①

第三种关于价值的定义比较全面和科学，袁贵仁教授对此做了较为详尽的论述："价值是指客体对于主体具有积极意义，它能够满足人、阶级和社会的某种需要，成为他们的兴趣、意向和目的。"②因此，"价值是一种社会关系而不是某种实体；价值是关系范畴而不是实体范畴"③。他认为价值是客观的，"价值的客观性是指它的构成因素——主体及其社会需要和客体及其属性是客观的；客体对于主体的意义是客观的"④。他的观点

①　吴亚林：《价值与教育》，50～61 页，北京，北京师范大学出版社，2009。
②　袁贵仁：《价值观的理论与实践——价值观若干问题的思考》，4 页，北京，北京师范大学出版社，2006。
③　同上书，5 页。
④　同上书，6～7 页。

的可取之处不仅在于强调主客观的对立与统一关系，更在于强调价值的意义。有的观点将价值等同于客体满足主体需要的"效用""功用"，这是价值的窄化。而强调价值是"客体对于主体的意义"，则更为深刻地揭示了价值的丰富内涵。

学界关于价值观的定义比较一致。价值观是一个人或一个组织对当下以及将来事物是否具有价值、有多大价值、应该具有何种价值的信仰、信念、认知、情感以及意志的总称。[①]它是指人们对价值的看法与理解，当然也包括了人们对价值选择的辩护。[②]一般将价值观等同于价值观念，其实二者也有区别。价值观念是关于客观对象的作用、意义，亦即关于客观对象的价值的总观点、总看法。价值观比价值观念更根本，它是价值观念的核心和基础，是各种价值观念的抽象和概括；价值观念则是价值观在有关问题上的体现和具体化。[③]在实践中，活动的方向和方式，以及活动主体、客体和工具的选择无不渗透着个人的价值观念。

价值取向是价值哲学的重要范畴，它指的是一定主体基于自己的价值观，在面对或处理各种关系、矛盾与冲突时所持的基本价值立场、价值态度以及所表现出来的基本价值倾向和特定的价值方向。[③]价值取向是在实践中呈现的优势价值观念形态，是基于主体价值观在实践中的某种价值立场、态度和倾

① 晏辉：《现代性语境下的价值与价值观》，34 页，北京，北京师范大学出版社，2009。
② 石中英：《教育哲学的责任与追求》，357 页，合肥，安徽教育出版社，2007。
③ 徐贵权：《论价值取向》，载《南京师范大学学报(社会科学版)》，1998(4)。

向。价值取向具有实践品格，具有对行为的定向、选择、评价的功能。其突出作用就是决定、支配决策主体的价值选择，因而对主体行为、主体间关系均有重大影响。关于价值取向，有许多分类方式和表现形式，如终极价值取向与工具价值取向，政治取向、经济取向、社会取向与文化取向，等等。

从管理和决策的具体情景来讨论价值取向，至少可以从两个方面来分析它的特征：实践性与多样性。价值取向具有实践性品质。价值取向与价值观不同，价值观的一个特性是不依赖于特定的情景，而价值取向更多地与实践情景相联系，任何价值取向都是特定时空情景之中的行为倾向，与实践情景和行为相联系；而价值观是价值取向的根源，更多地与观念相联系。概括来说，价值是客观的，价值观和价值观念是主观的，价值取向则是实践的。价值是一种关系形态，与主客体之间的关系相联系；价值观和价值观念是观念形态，与主体的需要、理想相联系；价值取向具有实践性，与实践相联系，指向实践行为及其结果。总之，价值取向的实践品质表现在它与实践行为相联系，是价值观念在实践中的显现。它既与实践中的冲突、矛盾相联系，是实践中的立场、态度和倾向，又与实践中的选择相联系，不同的选择指向不同的实践后果。价值取向的实践品质决定着自身的力量。

价值取向的多样性可以从两个方面来理解。一方面，价值取向与主体需要联系在一起，而主体的需要是多层次的，并且因时而变。因此，主体的价值取向也同样具有多层次性，并也因时而变，不同时期具有不同的价值取向，从而呈现出多样性的特征。另一方面，价值取向指向实践，又与特定的社会实践的情境相联系，而实践情境和条件是多样的，因而价值取向也随着客观条件的变化而呈现出多样性。对于个体和组织而言，价值观只有一个，价值取向则可以有多种。

三、问题的研究意义

学校决策价值取向研究的实践意义，在于价值取向的实践品格。学校决策的价值取向决定、支配主体的价值判断和价值选择，对于决策主体和客体均有重大的影响，直接关系到学校决策的行为与结果，关系到利益的分配与整合，关系到学校教育的改进与发展。我们从事实与问题出发，揭示学校决策面临的价值困境和价值难题，探讨价值困境中的学校决策的现实选择，分析其背后的现实原因和实践逻辑，讨论影响中小学校决策者价值选择的深层因素及其结构，最后回归实践，提出学校决策价值取向的调适策略，为学校管理工作者指引决策方向和价值路径，给予学校决策者以价值启示。

学校决策价值取向研究的理论意义，在于构建学校决策的价值目标和价值模型。目前，学术界对于学校决策的价值维度的研究尚显薄弱，我们期待能在这方面有所尝试和突破，做些有意义的探索。从学校组织的社会定位和学校决策的价值定位出发，提出学校决策"应然"的价值目标：一是"科学"维度，即决策手段的合理性和决策结果的有效性；二是"正义"维度，即学校决策形式的合法性和决策实质的正当性；三是"关怀"维度，即学校决策的教育性目标——关怀人和人的成长，以育人为本。其中，学校决策的教育性目标的提出，是基于学校场域中"教育人"的假设。教育性目标应该处于学校决策价值目标结构中的统领性地位，是"科学"和"正义"维度目标殊途同归的共同指向。这是学校决策价值理性的体现，也是学校组织的教育性特征所决定的。在价值目标的基础上，以合理性为价值手段（工具价值）、有效性为价值结果（功利价值）、合法性为价值形式（形式价值）、正当性为价值内容（实质价值）、教育性为价值目的，构建民主、科学、效用、伦理、教育诸要素相融的学校决策价值模型。

马克思指出，问题是时代的格言，是表现时代自己内心状态的最实际的呼声。因此，"一个时代的迫切问题，有着和任何在内容上有根据的因而也是合理的问题共同的命运：主要的困难不是答案，而是问题。因此，真正的批判要分析的不是答案，而是问题"①。学校管理与决策中的价值问题也是教育"内心状态的最实际的呼声"，我们所期望的研究应源自学校教育实践中的真实问题，回应教育实践的呼声，观照教育的生活世界，对教育的现实问题予以回应。

---

① 《马克思恩格斯全集（第1卷）》，203页，北京，人民出版社，1995。

第二节　文献回顾

一、关于决策与价值的研究

国外将决策与价值放在一起研究的首推赫伯特·A. 西蒙（Herbert A. Simon），他由于在决策理论中的突出贡献而获得1978 年诺贝尔经济学奖。他的决策理论主要集中在《管理行为》一书中，这本书的第 1 版出版于 1947 年，几十年来一直风行不衰。在这本经典著作中，西蒙把决策分为"价值判断"和"事实判断"两种类型，"价值判断"指向最终目标，是指应当如何的判断；"事实判断"指向包含最终目标实现的决策过程，是指实际如何的判断。① 在某些情况下，价值要素与事实要素可以组合在一起。"决策既包含事实成分，又包含道德成分。"②他认为，道德术语不完全能转化成事实术语。道德命题也不可能与事实直接比较。事实命题可以是对或错，道德命题可以是"好"与"应当"。"好"不一定"正确"，二者不可通约。"我们无法通过经验或理性方式检验道德命题的正确性。"③ 所以从道德意义上讲，我们"可以说某决策是'好的'，但要说它是'正确的'或'真实的'还需要进一步证明"④。

---

① [美]赫伯特·A. 西蒙：《管理行为》，詹正茂译，4 页，北京，机械工业出版社，2013。

② 同上书，53 页。

③ 同上书，53 页。

④ 同上书，54 页。

　　西蒙认为，如果决策发生在某种制度环境中，判断具体决策的正确性可以有两个不同的立场："广义地说，一项决策如果与一般的社会价值标准相吻合，如果从社会角度来看其后果是可取的，决策就是'正确的'。狭义地说，一项决策如果与组织给决策者指定的参考框架保持一致，决策就是'正确的'。"①这里实际上提出了决策的价值标准，那就是是否与社会价值和组织价值相契合。对于学校来说，学校决策的价值标准就是育人，这是最广义的社会价值标准。但是社会价值标准也有可能与组织价值标准不一致，这就引出了正确性的第三个概念，也就是组织环境本身的正确性。我们可以比较对组织而言正确的决策，与对社会而言正确的决策之间的一致程度。如果出现相当大的不一致，那么就需要来改变组织环境，以消除或减小不一致。但是现实中的组织环境如何改变，却是一件很大的事，涉及组织文化重建的问题。

　　西蒙的理论贡献有两个：一是认为管理就是决策，决策是有限理性的，只有更好没有最好；二是将价值因素引入管理和决策之中。西蒙虽然将决策与价值结合起来，指出决策的两个要素之一是价值要素，但是他对决策的研究仍然集中在事实分析上，对于决策者的价值观和价值取向如何影响决策，基本没有涉及，或者语焉不详。

　　人们总是更多地关注决策的技术层面，而较少关注决策的

---

　　①　［美］赫伯特·A. 西蒙：《管理行为》，詹正茂译，265 页，北京，机械工业出版社，2013。

价值层面。因此，学界对决策进行价值和伦理维度的研究开始较晚。特里·L.库珀（Terry L. Cooper）总结这一研究现象时说："当我们看到权宜之计和纯粹技术层面的关照主宰了行政决策过程这一事实时，也就不会感到太奇怪了。即使人们认识到伦理问题的存在，也只会把它看成令人困惑的问题而将其排斥在理性分析之外。可以预言的是，包含着价值冲突的行政决策问题将不会像经济问题、政治问题以及组织生存问题那样得到严肃认真、系统公开的解决。"[①]

詹姆斯·E.安德森（James E. Anderson）在《公共政策制定》中对决策的价值观进行了评估，他认为对决策起着影响的首要因素是价值观。"决策人员绝非是任由别人雕塑的黏土。相反，在他们的行为形成过程中，他们的价值观或者思想起着重要的甚至是决定性的作用。"[②]安德森认为指导决策者行为的有五种价值观：第一是组织价值观，其核心是组织目标。第二是个人价值观，当然决策者的行为并不完全是受私利驱使，也就是说决策行为并不完全受个人价值观的指导。第三是专业价值观，在如何解决问题上，不同专业的人往往有不同的价值偏好。比如在学校组织里，文科专业与理科专业的人员在价值取向上的偏好会有所不同。第四是政策价值观，决策者可能根据他们对公共利益的理解而采取行动，根据自己对公共政策的理

---

① ［美］特里·L.库珀：《行政伦理学：实现行政责任的途径（第5版）》，张秀琴译，前言6～7页，北京，中国人民大学出版社，2010。

② ［美］詹姆斯·E.安德森：《公共政策制定（第5版）》，150页，谢明等译，北京，中国人民大学出版社，2009。

解做出选择。第五是意识形态价值观，它是一系列有条理的或者逻辑上相关的价值和信仰，代表着人们对世界的大致看法，同时也是人们的行为指南。①但是人们也不一定总是固守着某一种意识形态。这里的意识形态价值观也可理解为社会主流价值观。由上可知，安德森所谈的价值观是一种广义的概念，包括价值观念和价值取向。他的理论给决策的价值研究提供了一个基本框架，对学校决策的价值分析有一定的启示意义。

二、关于教育决策与价值的研究

西方的教育管理学，尤其是美国的教育管理学，在百年来的发展历程中受实证主义和逻辑实证主义管理学的影响较深。直到 20 世纪 70 年代，价值分析被引入决策过程的研究之中，"试图通过探讨价值的含义、价值的协调、价值的代价和信奉价值的行为基础，进一步帮助决策者进行价值观的选择"②。

从国内来看，刘复兴教授对教育决策做了比较系统和全面的价值分析。他认为，教育政策过程分为政策的制定过程和政策的实施过程，政策的制定过程就是决策过程。因此，他对教育政策价值的分析，包含着对教育决策的价值分析。他认为价值选择是教育政策的基本价值特征，包括观念中的选择（政策目标的确定）和实践活动中的选择（价值目标的实现和获得）。

---

① ［美］詹姆斯·E. 安德森：《公共政策制定（第 5 版）》，152 页，谢明等译，北京，中国人民大学出版社，2009。

② 祁型雨：《利益表达与整合——教育政策的决策模式研究》，37 页，北京，人民出版社，2006。

"教育政策的价值选择是一个过程，包括目标的选择、手段的选择和结果的选择。"①他提出教育政策的几种基本价值要求：政治价值与教育理想兼顾，公益性与非营利性的统一，强制性与志愿性的统一，人的根本性地位，主体间平等的理解与交流关系，等等。

他提出教育政策价值的两对类型：虚拟价值与现实价值，实质价值与形式价值。虚拟价值是指政策制定中（决策）的价值预设，现实价值是政策执行后的价值获得。教育政策实质价值的根本原则是正义原则，价值标准是以人为本、分权、教育平等、可选择性、多样化。教育政策的形式价值主要是教育政策活动的程序标准，即民主化与合法化（参与、自由表达、多数原则、制约权力、制度化）、科学化与合理性。在他看来，教育政策过程中的主要价值问题：一是价值、结构与功能——价值选择的制度化问题（民主性问题），二是价值与事实——教育决策活动尺度问题（科学性问题），强势与弱势——弱势补偿问题（正义正当性问题），三是利益与代价——政策代价问题，四是现实与理想——政策失真与价值监控问题（虚拟价值与现实价值问题）。②

刘复兴教授的理论研究集中于提出分析教育价值的三维模式，即价值选择、合法性、有效性三个价值向度，经验研究、规范研究、超伦理研究三种方法，实质价值与程序价值两种价

---

① 刘复兴：《教育政策的价值分析》，45 页，北京，教育科学出版社，2003。
② 同上书，149～182 页。

值类型。他厘清了教育政策和教育决策过程中的许多价值关系，提供了教育政策与决策价值分析的理论视角。不过，他研究的教育政策决策主要是指教育行政决策，是关于两所以上学校之间关系的决策，对于具体的学校决策并没专门涉及。尽管如此，他所提供的理论视角和分析方法，给学校决策的价值分析提供了非常重要的启示与借鉴。

孟繁华教授在其论著《教育管理决策新论——教育决策机制的系统分析》中对教育决策的合理性取向做了深入研究，并提出决策合理性的三个标准：可行性、效用性和创新性。[①]祁型雨在《利益表达与融合——教育政策的决策模式研究》一书中指出，教育决策的本质是"对教育政策的一种价值判断"[②]，并提出了四种教育决策的价值表现形式：政治的价值、社会的价值、教育的价值、人的价值。这也是教育决策的四种价值取向。朱永坤在《教育决策价值标准：教育政策公平性的影响因素》一文中提出，"公平"是教育政策的首要价值标准，并进行了详细分析。[③]李尚卫在《我国基础教育决策的"应然"取向》一文中提出我国基础教育决策在价值取向上存在着价值失衡、价值失真与功利取向等问题，应该在教育决策目标上兼顾合规律性和合目的性，在决策实施上兼顾共性与个性，在决策评价上兼

---

①　孟繁华：《教育管理决策新论——教育组织决策机制的系统分析》，83～91页，北京，教育科学出版社，2002。

②　祁型雨：《利益表达与整合——教育政策的决策模式研究》，124页，北京，人民出版社，2006。

③　朱永坤：《教育决策价值标准：教育政策公平性的影响因素》，载《东北师大学报（哲学社会科学版）》，2009(1)。

顾公平与效率。①

三、关于学校决策与价值的研究

罗伯特·G. 欧文斯(Robert G. Owens)对学校决策做了深入研究。他将决策理论与学校的管理情境相结合，使得决策理论鲜活起来，因而富有教育的色彩和学校的质性。他对于学校组织的特点和学校决策环境的分析颇符合中国学校的实情。欧文斯认为学校决策环境的常态是变动不居的，对于学校管理而言，稳定与变化是学校决策的两个变量，不可分割，相辅相成。一方面，面临快节奏的学校管理，要迅速决策，追求决策的效率；另一方面，为了提高决策的质量，提高决策参与度，需要一个较长时间的决策和博弈过程。总体上说，学校的组织环境是变化和不确定的，外在的持续的改革压力与内在的情景改变加剧了这种不确定性。这种大环境的特点就是变动不居，"教育管理者身处的现实世界的主要特点就是模糊性和不确定性"②。基于学校组织环境的不确定性，欧文斯认为，在管理现实与决策理论中间，有很大的距离。在实际工作中，实际进行决策的管理者很少会使用管理模型。因为这些设想并不能反映工作中的管理者所面临的情境。决策模型是学者的理念，是科学思考却不是实践思考的方式。人们甚至发现，管理者似乎不思考或不太思考，他们总是忙于决策和事务处理。其实他们总

① 李尚卫：《我国基础教育决策的"应然"取向》，载《宜宾学院学报》，2011(4)。

② ［美］罗伯特·G. 欧文斯：《教育组织行为学——适应型领导与学校改革(第 8版)》，窦卫霖、温建平译，248 页，北京，中国人民大学出版社，2007。

是在思考，只不过是以自己的方式在思考，采用的是实践思考方式。"相互关联的想法是思维的实质，这些想法在大脑外形成，得到处理，从大脑得到的帮助却相对较少。这就是管理者怎样工作的，并且这也是当我们用思考作为他们在工作中考虑多少的指标时，我们被误导的原因。"①管理者不像学者那样，进行宁静的、长时间的思考，他们是将行为与思考结合在一起，或者说他们的行为包含着思考，在行动中思考，在思考中行动，二者是同时进行的。

欧文斯探讨的是学校管理者的实践思考方式，其实也揭示了学校决策实践有别于其他决策理论的实践逻辑。"考虑到人类的弱点，我们经常信奉一种理论，但实际上却根据另一种也许是矛盾的理论做事。"② 这恰是本书探讨的重点之一，即学校决策背后的价值取向是什么，采取这些价值取向的真正原因是什么，进而揭示学校决策价值取向的实践逻辑。

国内有不少研究者在"学校管理"的研究框架下讨论价值与价值取向的问题。其中一些观点对本书有启示意义。李兴洲在《现代学校制度的价值取向探析》一文中提出现代学校制度应该以"现代性、道德性、公正有效性"三个维度作为价值取向。项宏志在《学校管理价值取向的流变》一文中提出，我国学校管理的价值取向经过了如下演进：以道德理想主义为价值取向，到

---

① ［美］罗伯特·G. 欧文斯：《教育组织行为学——适应型领导与学校改革（第8版）》，窦卫霖、温建平译，254 页，北京，中国人民大学出版社，2007。
② 同上书，257 页。

20世纪七八十年代演变以科学主义为价值取向，现在演变为人文主义的价值取向。杨天平、衷发明在《科学管理与人文管理应当走向融合——教育管理价值取向》一文中对科学和人文相结合的教育管理价值取向进行了探讨。这些研究将价值引入学校管理研究领域，但缺乏深入系统的价值分析。长期以来，我国的教育管理学理论大都热衷于介绍和讨论管理体制结构、管理过程规律、教育管理原则方法、教育管理实务等问题，多数研究都指向技术操作层面而缺乏相应的也是必要的价值伦理追问。①

回顾国内外的相关研究文献，存在以下几个方面的问题。

一是关于公共决策的研究较多，关于教育决策的研究较少，专门研究学校决策的更少，对于学校决策价值取向的系统和专门研究的论著更为鲜见。二是关于学校管理的研究较多，而关于学校决策的研究较少。关于学校管理和决策一般性的研究较多，大多数是对学校决策进行事实分析和经验分析，缺乏深入系统的价值分析和研究。三是学校决策研究中理论与实践的隔膜与疏离。就国内相关研究而言，存在实践与理论不相融的倾向。实践研究支离破碎，缺乏理论分析与理论建构；理论研究难接地气，缺乏实践关怀和对实践的尊重，理论的原创性和本土性尚有不足。

但是毫无疑问，国内外的相关研究文献，为我们提供了开

---

① 张新平：《教育管理学导论》，258页，上海，上海教育出版社，2006。

阔的理论背景和学术视野。相关研究所确立的基本范畴、理论视角和分析路径，为我们提供了启示。本书是在梳理国内外学者成果基础上展开的，在他们研究的罅隙之处寻找自己的研究空间，并期待在相关学术地图上确立位置。

第三节　研究方法

研究的核心是问题、资料与方法。方法不仅是技术层面的问题，也是范式层面，更是方法论层面的问题。方法并不等同于技术，也不同于手段，是人类认识客观世界和改造客观世界应遵循的某种方式、途径和程序的总和。

方法论主要探讨研究的基本假设、逻辑、原则、规则、程序等问题，它是指导研究的一般思想方法和哲学。[①]对于学校决策的价值取向研究，涉及的方法论问题主要是：为何从价值的视角研究学校决策？学校决策有没有价值取向问题？应采用何种方法来研究学校决策的价值取向？

对学校决策进行价值研究本身就是一种方法论的选择。学校决策并不是纯粹的事实判断和逻辑推理，决策意味着选择，决策过程是价值判断与价值选择的过程，价值观念与价值取向是影响决策的重要因素。从价值层面来研究学校决策，决定着研究的立场、视角与面向，也决定着研究的具体方式、技术、

[①] 袁方：《社会研究方法教程》，24 页，北京，北京大学出版社，1997。

手段和程序的选择。论题的选定本身就具有方法论意义。

　　本论题兼具实践性和理论性。学校决策是学校管理中的实践领域，学校决策本身是一种实践行为；学校决策的价值取向直接影响着决策的方向和结果，具有实践的品质，直接指向决策行为和决策实践。本论题来源于管理实践，是对实践的观照与回应，具有很强的实践感。因此在研究中，一方面，要从实际出发，从问题出发，通过问卷、访谈、案例等方法收集资料，反映学校决策实践中的现象与问题；另一方面，价值取向属于价值哲学范畴，价值哲学是理论性极强的研究领域。对学校决策进行价值研究，必然要进行理论分析。实践或许是混沌与破碎的，理论分析的作用在于给予实践研究一种视角。理论犹如烛照，洞幽烛微，可以照见混沌的、破碎的实践中隐藏的线索与意义。本书借鉴教育哲学、管理学、组织行为学、组织社会学、行政伦理学方面的理论，深入分析学校决策的价值因素、价值取向及其逻辑，并尝试建构学校决策价值取向的目标结构与理论模型，揭示学校决策的事实逻辑与价值逻辑。

　　基于论题兼具理论性与实践性的特征，本书从事实、价值、规范三个层面来进行。[①] 首先，对学校决策面临的价值困境、价值困境下的学校决策进行事实分析，研究学校决策遭遇哪些价值困境和冲突，进行分类和归因；描述价值困境与价值

---

　　① 有学者提出，事实分析、价值分析和规范分析是政策分析的三类主要方法。本研究采用这三种分析路径。参见刘复兴：《教育政策的价值分析》，78 页，北京，教育科学出版社，2003。

冲突中学校决策的价值取向与价值选择，并探讨其结构和选择模式。在这个分析层面，主要解决学校决策价值取向"是什么"的问题。其次，从实际出发，对学校决策的价值取向进行价值分析，讨论学校决策者为什么采取这样的价值取向，揭示其实践逻辑。在这个分析层面，主要解决学校决策价值取向"为什么"的问题。再次，从理论出发，对学校决策的价值取向进行规范分析，建构学校决策的价值模型。在这个分析层面，主要解决学校决策价值取向"应当是什么"的问题。最后，从理论与实际的结合出发，在现实与理想之间，在"实然"与"应然"之间，寻求"能然"的路径与桥梁，主要解决"怎么办"的问题。前两个层面的研究分析，是从事实和问题出发，通过调查、问卷、案例、文本等方式方法，收集相关学校决策价值取向的实践资料，进行归纳分析，揭示学校决策价值取向的实践逻辑。第三个层面的研究分析是从理论出发，通过结构、功能分析，构建学校决策价值取向的理论模型。第四个层面是理论与实际的相互照应。本书主要采取归纳与演绎相结合、理论与实际相结合、质性与实证研究相结合的研究路径。

从研究类型来说，本书采用的是描述性研究与解释性研究相结合的研究方法，通过问卷、访谈在经验层面描述学校决策的价值困境、价值冲突、价值选择与价值取向；通过理论与实践分析，揭示学校决策价值取向的现实原因与实践逻辑，解释其中的联系与因果。从研究的时间上看，本研究是对当下中小学决策价值取向的现实研究，着眼社会转型期的学校决策的价值取向研究，关切问题的现实性与时代性，属于剖面研究。从研究资料的获取范围来看，我们采取个案调查研究，以期通过调查和案例，收集相关资料，进行深入、细致的分析，体验学校决策的实践情境，深入了解学校决策价值取向的逻辑。从研究的分析方法来看，本书主要属于定性研究，也有部分实证和质性研究，对于学校决策的价值取向，侧重于"为什么""应当是什么""怎么办"的解释和分析。总之，之所以进行上述研究类型设计，是由论题的研究性质决定的，也与前文所述的方法论的选择相关。

研究过程中的具体方法，主要是指研究过程中资料的收集与分析的方法和技术。本书主要采用以下具体方法。

一、案例法

本书主要采用案例法收集和分析资料。在访谈基础上，收集编写学校决策中的两难问题及其价值取向的典型案例 43 个，并对案例进行定性分析。① 在第一手资料的分析基础上，通过分类、比对、归纳，获得关于学校决策价值取向的若干因素及其结构。案例少部分取材于网络资料，极少部分根据校长访谈编写，大部分来自 M 学校的真实情境。本书收集了 M 学校近十年的学校决策的文本，进行较深入的分析研究，较全面地了解这所学校在管理实践中的决策与价值取向，并与多所学校决策的访谈及问卷调查相互补充，相互印证，以增强研究的信度

---

① 考虑到研究伦理，在案例的编写中对于诸如单位名称、人名、地名等敏感信息做了技术性处理。

与效度。

二、问卷调查法

本书采用问卷调查法收集相关信息，并进行量化分析。通过调查分析，了解目前中小学校长对学校决策价值取向的认知和相关情况，以期从总体上把握学校决策价值取向的一般情形。问卷调查采用方便取样的方法，通过教育部中学校长培训中心、安徽师范大学、合肥师范学院举办的中学校长培训班等途径，发放和回收问卷。调查对象分别是：2014年"安徽省高（完）中校长提高班"87名学员，2014年"安徽省第12期高（完）中校长高级研究班"51名学员，教育部"农村校长助力工程（2013）义务教育学校校长培训班"40名学员，教育部中学校长培训中心"第24、25期全国初中骨干校长高级研修班"83名学员，教育部中学校长培训中心"第1期青海省中学省级骨干校长培训班"45名学员。问卷调查的样本具有一定的代表性。其中，教育部"农村校长助力工程（2013）义务教育学校校长培训班"、教育部中学校长培训中心"第24、25期全国初中骨干校长高级研修班"共123名中小学校长，分别来自全国各省、自治区、直辖市、计划单列市、新疆建设兵团等部分中小学。2014年"安徽省高（完）中校长提高班"、2014年"安徽省第12期高（完）中校长高级研究班"共138名中学校长，分别来自安徽省17个地级市的部分高中和完全中学。教育部中学校长培训中心"第1期青海省中学省级骨干校长培训班"45名校长，分别来自青海全省各地级市部分中学。样本在城市与乡村、东部地区与中西部地区、中学与小学等范围内均有较好的分布性和代表性。采用方便抽样的方法获取的资料虽然不能准确推断总体，但也能在一定程度上说明总体的情况，具有较强的参考价值。在调查对象的样本中，男性校长 261 人，女性校长 33 人；30～40 岁 39 人，40～50 岁 183 人，50～60 岁 72 人；校长 223 人，副校长 71 人；任职年限 5 年以内 97 人，5～10 年 98 人，10 年以上 99 人。问卷调查于 2014 年 11 月和 2015 年 4 月共进行了两次，共发放、回收问卷 306 份，其中有效问卷 294 份；第二次问卷调查针对个别问题进行了补充调查，共发放、回收问卷 51 份，其中有效问卷 50 份。

三、访谈法

在一般性访谈的基础上，我们选取了 20 位中小学校长[①]进行深度访谈。通过访谈和分析，深入了解学校决策中的价值困境、价值冲突，以及决策者的价值判断与价值选择，挖掘其背后的现实原因与行为逻辑。

从总体上说，本课题的研究路径是从管理的实践与事实出发，从实践走向理论，从行动走向思维，既注重实践研究中的理论生成，也注重对既有理论的检验与修正。

四、问题与不足

某种意义上说，方法论是与认识论联系在一起的。方法与

---

① 考虑到访谈的信度和效度，选取的访谈对象是资深中小学校长，任职多数在十年以上。并且大部分访谈对象与笔者有较好的个人之间的相互信任感。

方法论是认识和研究问题的视角，不同的视角观照问题的不同面向。观照问题的这一面向，可能遮蔽问题的另一面向，这是方法论的困境，也是认识论的限度。就本研究的方法来说，鉴于价值取向的隐匿性特征，问卷调查和访谈的信度与效度，需要认真检视。这也有赖后续研究的进一步验证。

另外，作者是一名一线的学校管理工作者，这既是优势，也是劣势。研究者应该与被研究对象保持一定的距离，以保有观察的敏感性、分析的客观性和研究的独立性。当年费孝通研究江村经济，他的外国同学利奇（E. Leach）并不认同费孝通对自己的国家经济做田野调查，认为只有跨文化的研究者才适合做这样的研究。后来费孝通打破了这个学术界的成规，写出了著名的《江村经济》。费孝通说："研究者很不容易获得一个客观的态度来研究他们自己所生长于其中的文化……不容易确是不容易，但是并不是不可能的。而且一个有相当训练的研究者，在研究自己生长的地方时，亦有特别便利之处。"①作为一线管理工作者，笔者对学校的日常决策与管理非常熟悉，这给研究带来了很多便利。但是，由于自己常年浸入在学校管理实践之中，容易出现管理迷思，身在其中，不识庐山真面目。20多年的管理实践，其中甘苦，多有体会，因而也常常不自觉地为自己和现实辩护，难免融进过多的主观性。希望读者以批评的眼光对待这一可能存在的先天缺陷。

---

① 袁方：《社会研究方法教程》，740页，北京，北京大学出版社，1997。

第四节　研究内容

本书主要分为六个部分。导论部分提出从价值的维度来研究学校决策的缘由、意义和方法。决策是人的一种价值活动，是价值判断与价值选择的过程，任何判断与选择总是受特定的价值观制约的。人是价值动物，理性与非理性在人的决策行为中的统一，皆归结于人的价值观念。因此，对决策进行价值维度的研究具有现实和理论的意义。

第一章研究学校决策中面临的价值冲突、价值困境和价值难题，并探寻其背后的因素与结构。学校决策的价值困境的影响因素概括起来有三个方面。一是决策者因素引起价值冲突，主要是决策主体的观念与认知、角色与责任、情感与情绪等引起的内在冲突；二是学校组织环境因素引起价值困境，主要是权力的过度干预、人情的干扰和利益的冲突；三是学校决策中的问题本身引起的价值难题。

第二章研究学校决策实践中的价值取向，从现实出发，探寻学校决策者在面临价值困境与冲突时，采取什么样的价值选择，存在怎样的主要价值取向。学校决策中存在三种比较突出的负面倾向，一是基于权力的行政取向，主要表现为，在学校内部由于治理结构的行政化出现决策机制、决策行为的行政化取向；在学校外部由于不同程度的上级行政权力越位，学校决策的空间被压缩，学校决策权力被削弱。二是基于利益的功利取向，主要表现在时间向度上重眼前利益、轻长远利益的倾向，在空间向度上重学校利益、轻公共利益的倾向。三是基于人情的关系取向，人情关系大致有三种表现方式：情感型人情关系、功利型人情关系和权力型人情关系。当人情与利益勾连，甚至与权力结盟时，学校决策的天平开始倾斜，不可避免地影响决策的价值取向。

第三章研究学校决策价值取向背后的理论逻辑与实践逻辑。从理论逻辑来看，学校决策的价值取向是决策主体的价值偏好、学校组织的价值理性、社会主流的价值观念共同作用下的结果，并以组织理性的形式表现出来。按照韦伯的社会行动理论分析，学校的组织理性以四种理性形式体现：价值理性、工具理性、情感理性和传统理性。从实践逻辑来看，学校决策的价值取向有其现实的根源和理由，行政取向的实践逻辑是合法性机制，功利取向的实践逻辑是利益（效率）机制，关系取向的实践逻辑是人情法则。这三种机制的共同逻辑是为了学校组织的生存、延续和发展，这是学校决策实践中价值取向的"生存伦理"和现实缘由。

第四章研究学校决策价值取向的理想模型，从学校组织的社会定位、学校决策的价值定位出发，建构学校决策三维一体的价值目标——科学、正义与关怀。通过教育关怀，将学校决策的具体价值目标统一起来：价值理性与工具理性的统一、实质价值与形式价值的统一、合法性与正当性的统一、合理性与有效性的统一、情理法的统一等。

第五章研究学校决策价值取向的调适路径。在学校决策的理想目标与现实取向之间，存在着理想与现实的距离，存在着"应然"与"实然"的鸿沟。这一章提出了从"实然"走向"应然"的路径，即通过决策主体的价值自觉与自主、学校组织的价值培育与建构、教育生态的价值改进与引领，以期达到"能然"的状态，并逐步接近"应然"的价值目标。

笔者有两点期待。一是通过现实中学校决策的价值分析，打开学校决策的"黑箱"，展现转型期中小学学校决策面临的价值困境，揭示学校决策的现实价值取向及其背后的理论逻辑与实践逻辑。二是基于学校组织的教育性特征，提出学校特定场域中"教育人"的假设，并以此为基点，构建以"教育性目标"为优先价值的学校决策价值模型，提出具体的、可操作的价值调适路径。

第一章
学校决策的价值困境

任何一种为了某些目标的利益而做出的选择都会牺牲其他有价值的目标时，就会出现困境。

——［美］韦恩·K.霍伊，［美］塞西尔·G.米斯克尔

没有不确定性，世界将没有希望，没有道德，没有选择自由。只有我们不知道未来会怎样（比如我们确切的死亡时间和方式），才会有选择的道德困境。并且，这个世界上有太多的不确定性，我们最基本的选择就是接受不确定性这一事实。

——［美］雷德·海斯蒂，［美］罗宾·道斯

研究学校决策的价值取向，应从决策实践的价值困境入手。学校决策的价值困境是由价值冲突引起的决策两难。这些价值两难困境可以从三个层面加以分析：一是由学校决策者因素引起的价值困境，二是由学校组织环境因素引起的价值冲突，三是由学校决策中结构不良问题引起的价值难题。

第一节　由学校决策者因素引起的价值困境

学校决策者的观念与认知、情感与情绪、角色与责任等因素，对学校决策的价值取向产生深刻影响，并且可能因为相关冲突而引起决策的价值困境。

一、学校决策的角色冲突

所谓角色，是指一系列责任、义务的结合体。扮演不同的角色，意味着担负不同的责任和义务。角色将一个人特定的责任、义务、利益和社会期待统一起来，"通过'角色'概念，'预期'与义务得以便利结合"，"在各种角色的名义下让自己承担义务，不管是主动实施还是被动接受，人们在社会生活中都要扮演一系列几乎被规定好了的角色"①。

在学校决策中，决策主体的角色是多元的：社会角色、职业角色、家庭角色等。比如，作为学校决策的核心人物，校长的角色是多重的：下级的领导、上级的下属、教师的同事、学生的教师、教育圈内的同行、学校的代言人、社会活动者……这些角色是分离的又是整体的，有时是矛盾的但也是统一的。校长必须在这些职业角色中转换、穿越，以完整的角色格式塔（gestalt）来统率这些多重而相悖的职业角色，防止角色错位，保持自我人格的统一与完整。这就需要有正确而恰当的角色定

---

① ［美］特里·L. 库珀：《行政伦理学：实现行政责任的途径》，张秀琴译，5页，北京，中国人民大学出版社，2010。

位，有内心的坚定与持守。单单就校长的职业角色来看，其内涵也是多元的。亨利·明茨伯格（Henry Mintzberg）的研究认为，管理者扮演着 10 种角色，分为三类。第一类是人际角色，即名义首脑、领导者、联络者；第二类是信息角色，即监听者、传播者、发言人；第三类是决策角色，即创业家、故障排除者、资源分配者、谈判者。①而且这 10 种角色是不容易分割的，形成一种角色格式塔，即一个有机的整体，但不同的管理者有所侧重。不同的角色被赋予的义务与责任是不一样的，有时往往会发生冲突。角色之间的冲突实质上是角色所定义的责任与义务之间的冲突。

案例 1-1：一线教师一定要参加扶贫吗？②

2018 年，某乡镇要求学校安排教师参加扶贫工作，部分教师给县政府网络平台留言：作为一线教师为什么要跟着政府的人下村，跟着他们去扶贫？我们的教学任务怎么办？扶贫现在成了我们的主要工作，政府喊我们扶贫就要去。

县政府网络平台回复如下：

您好，接到来信反映的问题后，我县政府高度重视，现将有关情况回复如下。

经查，脱贫攻坚迎接国检工作是当前全县面临的最重最难的工作，集全县之力打赢脱贫攻坚战既是政治任务，也是每个

①　［加］亨利·明茨伯格：《管理进行时》，何峻、吴进操译，49 页，北京，机械工业出版社，2010。

②　笔者根据网络资料编写。

人应尽的义务。帮扶生活在贫困线以下的老乡，了解并解决老乡的困难更是每个机关单位工作者的责任。我县教委属于帮扶单位之一，教委所辖的所有中小学校教师也应当勇于承担帮扶责任。一线教师虽然有教学任务，但并非所有教师全天均有课程，在休息时间同样可以走访农户，担起扶贫担子。若教学与走访时间冲突，请老师与同事协调课程或者自行抽出休息时间入户走访，如实在不能参与扶贫工作，请与所在单位领导沟通。请学校负责人妥善做好教师的思想工作，督促教师完成相应的扶贫工作。

案例 1-2：一线教师是否应当承担防溺水的责任？[①]

某地教育局召开防溺水安全会议，要求辖区内各学校教师承包 1～2 个池塘的巡检任务，如果出了溺水事故就要追究教师责任。

具体要求如下：

1. 每天 8：00 前和下午 4：20 放学后到自己承包的池塘巡查一遍。

2. 及时劝阻在沟塘边玩耍的未成年人。

3. 发现在河里戏水的未成年人，及时通知家长和学校。

4. 发现溺水未成年人，及时报警和及时进行施救。

5. 对池塘周边住户进行防溺水宣传教育。

6. 对因不负责任、玩忽职守造成溺水事故的教师严肃

---

① 笔者根据网络资料编写。

问责。

　　学校教师对此有不同看法，认为教师的工作重点在于对学生进行防溺水安全教育。学生回家后，其安全监护人是家长，教师不应当对学生放学后或假期的溺水事故承担责任。部分教师要求学校领导倾听教师的合理诉求，做出合理的调整。

　　这两个案例反映了校长的角色冲突和两难困境。一方面，校长是学校教职工的利益维护者，有责任去维护教师利益，倾听教师呼声，回应教师合理诉求。在教师眼中，校长是他们的代言人，教师赋予校长的角色期待就是代表和维护广大教师的利益，这是校长在本组织内部的角色定位。在上述案例中，校长可能在相当程度上理解教师的诉求，对相关政策有着和广大教师基本相同的认知。

　　另一方面，校长是由教育局任命的，有责任贯彻上级的政策，这是校长的另一角色，即作为教育局任命的学校负责人的角色定位与角色期待。在上述案例中，校长作为教育局任命的学校管理者，其职责是在教育主管部门的直接领导下管理学校，向教师解释上级的政策，并认真执行和落实。

　　于是冲突发生了。这种冲突是校长所具有的不同角色之间的冲突，是不同角色所蕴含的责任及其价值取向之间的冲突。校长作为教师利益的代表者和维护者，其价值取向应该是仗义执言、正直、诚实，关怀下属，维护教师利益，对于那些干扰教师正常教育教学的形式主义的事务，应当予以拒绝或变通处理；而作为教育局任命的学校管理者，其价值取向应该是服从、忠诚，因而要维护上级权威和学校整体秩序，从大局出发考虑问题。

　　于是校长陷入两难。一方面，教师们期望校长能成为他们的代言人，站在他们一边。教师们一直认为校长富有同情心，正直且有勇气，能倾听下属的声音。他们希望校长在处理问题时，能和他过去的言行保持一致。如果校长向教师们解释说自己无能为力，显然会让大家失望；如果校长劝说教师们忍耐，承诺情况将来会得到解决，也许会让人觉得虚伪。另一方面，校长也非常清楚，维护上级权威与执行上级规定是其职责所在。当校长所扮演的两种角色之间的关系紧张，甚至发生冲突时，价值困境也就产生了。

　　不同的角色有不同的角色期待，不同的角色期待有不同的价值定位，角色期待内化的产物就成为角色蕴含的价值取向。在特定的情形之下，特定的角色所蕴含的价值取向与信念有时是不相容的，有时甚至是相互排斥的。上述案例中的校长所扮演的不同角色就产生了冲突。

　　这种冲突主要表现在内部角色与外部角色之间的冲突、社会角色与个人角色之间的冲突、社会角色之间的冲突等。在现代社会，角色越来越多元化，角色冲突时常发生。每一种角色背后都附带着一系列义务，夹杂着个人利益。结果就是：各种角色之间的冲突，将扮演者置于尴尬之地、矛盾之中，最后，扮演者必须采取某种行为才能最终和解这场冲突。但对于采取何种行动，扮演者自己也有很大的随意性。在随意性很大的情况下，要想做出负责任的决策，决策者的伦理水准和良知就显得至关重要了。[①]在学校管理者中，越是居于较高决策位置的人，越是更多可能体验或遭遇角色冲突，"我们在组织科层制中所居职位越高，保持负责任的行为就会越来越困难，对众多角色的多元要求采取一致性的、可靠的应对措施也会越来越困难。"[②]学校管理者如何处置因角色冲突带来的价值困境，后面再专门讨论。

二、学校决策的观念分歧

观念是人们在长期的生活和生产实践之中形成的对事物总体和综合的认识，是人们比较稳定的对事物的看法，是人们支配行为的主观意识。观念决定行为，学校决策行为也同样受到决策者观念的影响。

表 1-1   影响学校决策的最主要因素

影响学校决策的最主要因素	人数/人	百分比/%
利益	65	22.1
观念	129	43.9
上级干预	89	30.3
情感	7	2.3
其他	4	1.4
合计	294	100

如表 1-1 所示，问卷调查表明，影响学校决策的前三项主

①　[美]特里·L·库珀：《行政伦理学：实现行政责任的途径》，张秀琴译，6 页，北京，中国人民大学出版社，2010。

②　[美]特里·L·库珀：《行政伦理学：实现行政责任的途径》，张秀琴译，112 页，北京，中国人民大学出版社，2010。

要因素分别是"观念""上级干预""利益"。其中，有43.9％的校
长认为"观念"是影响学校决策的最主要因素，高于"上级干预"
（30.3％）和"利益"（22.1％）。在学校决策中，不同的观念及其
冲突深刻地影响着决策的价值取向。这些观念在学校场域中，
集中体现为关于教育的认识和信念，即教育观念。这些教育观
念具体表现为学生观、教学观、教育观和管理观等，是对学校
教育基本问题的认识和由此而产生的教育信念。学校教育的基
本问题可以归纳如下：学校教育何为？学校教育培养什么人？
学校教育将人培养成什么样子？学校教育如何培养人？这些问
题涉及学校教育的终极目的、对象、培养目标、方法与途径。
这些问题不仅是实践问题，更是观念问题；不仅是技术问题，
也是方向问题。不同的教育观念在实践中会产生深刻的内在
冲突。

案例1-3：雕塑放在哪里合适？①

　　M学校办学历史悠久，10年前易地重建，从老校区整体
搬迁至新校区，老校区置换给一所民办初中办学。某年学校决
定，将象征学校文化符号的老校区的"雄鹰展翅"雕塑复制重
建，安放在新校区内。如此重要的雕塑，究竟放置在新校园的
什么位置？学校领导集体商议了好几种观点，决策时相持
不下。

　　第一种观点认为应当将雕塑放置于校园中心广场，与广场

———————————

　　①　案例根据M学校的决策实例编写。

中间的升旗台、广场上的另一雕塑同在一条中轴线上。理由是这个雕塑是学校重要的文化符号，应该放置在最显眼的位置上。反对者认为，当初中心广场的整体设计并没有考虑这个雕塑，广场中轴线上已经有一个雕塑了，还有升旗台，再放置新的雕塑，有重复、呆板、拥挤之嫌，会破坏广场整体环境的协调。

第二种观点认为应该将雕塑放在广场的某一边角。理由是这样既不破坏广场原来的整体设计，又将雕塑置于学校广场内，仍属相对重要的位置。反对者认为，这么重要的雕塑不适宜放置于边角位置。

第三种观点认为应当将雕塑放置于教学楼群中间的庭院内。理由是雕塑的寓意是学生们像雄鹰一样，从学校起飞，飞向四面八方。这个庭院由教学楼围绕而成，是学生们课间休闲活动的地方，雕塑放置在这里，非常符合雕塑的象征意义。反对者认为，这个庭院的四周都是教学楼群，"雄鹰"安放在这里难以飞出去，反倒是被困在这里。

最后，学校校长综合大家意见，决定将雕塑安放在教学楼群中间的庭院内，与学生朝夕相处，寓意为学生像雄鹰一样——"每一座山峰，都不过是它暂时栖息之所，它注定属于蔚蓝而辽远的天空"。

案例中的每一种观点都反映了特定的对雕塑安放位置的认识观念，这些认识的分歧带来决策中的碰撞。每一种观念背后都有特定的价值取向。第一种观点的价值取向是行政取向，从权力中心的角度来认识雕塑安放的位置及其意义；反对者的价值取向是审美取向，从雕塑与环境的协调性出发来考虑如何安放雕塑。第二种观点的价值取向是中庸取向，企图调和第一种观点的赞成者和反对者的意见。第三种观点是文化取向和教育取向，从雕塑的象征意义及其教育功能来思考和决策；反对者的意见则是一种迷信的观念。

案例 1-4：游学之争①

2012 年秋天，某学校高二年级一个班级准备组织为期三天的徽州游学活动。家长给校长打电话，质问学校："为什么同意班级组织这样的活动？居然还要在外面住宿两夜，学生出了安全问题怎么办？"并且表示要到教育局去投诉学校。校长在电话里告诉这位家长："如果不同意你的孩子去没关系，可以请假。"但是这位家长表示，不仅不让自己的孩子去，也不希望别的同学去游学，理由是如果别的孩子去了，自己的孩子会很失落。第二天，这位家长到教育局德育办和保卫科投诉，要求教育局出面干预。教育局德育办主任打电话给校长，询问相关情况。后来学校重新召开家长会，以自愿为原则，请家长再次逐一确认是否参加游学活动，不做统一要求，并且将原来行程压缩为两天。两天的徽州游学活动非常成功。全体同学都参加了，反响很好。于是，学校将游学活动扩大到整个高一年级，家长和师生满意度很高。当然，学校也背负着很重的安全保障

---

① 案例根据 M 学校管理实例编写。

压力。

案例 1-4 反映了不同的教育观念对学校决策的影响，呈现的是学校与家长之间的教育观念冲突。案例中的家长从安全角度反对学校组织游学活动，反映了家长的教育观。家长是学校教育的相关利益方之一，家长的观念影响学校决策主体的行为倾向。家长有时与学校的教育观念相左，并且会通过多种途径影响学校决策，造成学校决策的困境。

校长、教师、学生、家长等不同主体的价值观念，是影响学校决策行为的主要内在因素。在学校决策中，存在很多育人观念方面的冲突，诸如教育均衡与教育发展、全面发展与个性培养、公平与效率、统一与个性、自由与责任、民主与集中。观念指引行为，任何人的行为背后都受一定观念的支配。在这个观念多元化的时代，观念冲突日益凸显。观念冲突是隐藏在行为背后的冲突，也许不易被人觉察。观念冲突是较深层次的主观冲突，并且往往上升到价值观和伦理的层面。相对于其他冲突而言，这种冲突常常不可调和，造成深层次的价值和伦理困境。

三、学校决策中的情感纠结

情感、认知、意志构成人基本的主观心理活动，从哲学本质上来看，这三种心理活动分别反映了三种基本关系：认知的本质是人脑对事实关系的主观反映，它是构成人的主观意识的最基本形式。情感的本质是人脑对价值关系的主观反映，它是构成人的主观意识的另一种基本形式；情感包括感性情感与理性情感，价值关系是一种特殊的事实关系，因而情感是一种特殊认知。意志的本质是人脑对行为关系的主观反映，行为关系是一种特殊的价值关系，因而意志是一种特殊情感。在这个意义上，知、情、意是相互联系的主观心理活动。情感在其中具有特定的作用。

情感是人对客观事物所持的态度体验。情绪更倾向于个体基本需求欲望上的态度体验，情感则更倾向于社会需求欲望上的态度体验。[①]本文统一以情感代指。人的任何行为都包括情感因素。这种情感因素既有与喜怒哀乐等自然情感相联系的个人情感，也有与人的社会性需要相联系的社会情感；既有感性情感，也有理性情感；既有预期性的情感，也有即时性的情感。

人是情感动物。人非草木，孰能无情。在学校决策行为中，人的情感与决策行为的价值取向息息相关。因为情感本质上是人对价值关系的主观反映。但从前文的问卷调查来看，只有 2.3％的被调查者认为决策受到情感因素的影响（见表 1-1）。这反映了情感因素的隐性作用，往往不被当事者体会和觉察。决策研究对情感的重视也是晚近时候才开始的。"判断和决策领域的研究者最近才开始研究情绪在决策中的独特作用。决策一直以来被看作一种理性的、认知的过程。情绪仅仅是影响整体评价或效用的众多成分之一。但我们仍然认为预期的情绪反

---

① 李德顺：《价值论——一种主体性的研究》，133 页，北京，中国人民大学出版社，2013。

应在对行为结果的评价或者效用（决策效用或体验效应）评价过程中有着重要的作用。人们通常会预测他们对某种结果会有怎样的感受，并且依据这种预期的感受来评价和做出最后的决策。"①在决策过程中，人们常常是感觉而不是认为某事是正确的。"尽管我们并非总是把情感与思考与判断联系起来，但我们实际上一直通过感情在'思考'和'判断'。"②

　　人是理性与情感的结合体。将人简单地抽象为理性的"经济人"或"行政人"，是片面而肤浅的人性假设。人不仅具有理性的思维与行动，也同样具有情绪、直觉等非理性的因素与行为特征。文艺复兴时期的思想家提出"人是万物的尺度"，突出了人的主体性价值与意义；启蒙思想家进一步提出"人的理性是万物的尺度"的口号，将人的理性提到前所未有的高度。其实对于人来说，也许情感才是"人的尺度"。管理学家西蒙对"全面理性观"提出了批评与反思，提出了有限理性的观点，"不应该因为对人类行为理性层面的特别关注，就断言人类永远或一般都是理性的"③。托马斯·霍布斯（Thomas Hobbes）认为，人是受各种情感驱使的，"人不是没有理性，但理性基本上是为情感服务的——理性是为实现欲望而设计方式和手段的一种官能。……由于行动的终极目的——情感是多种多样的，

---

　　①　［美］雷德·海斯蒂、罗宾·道斯：《不确定世界的理性选择——判断与决策心理学》，谢晓菲、李纾等译，202页，北京，人民邮电出版社，2013。引用时有改动。

　　②　［美］托马斯·J.萨乔万尼：《道德领导：抵及学校改善的核心》，15页，上海，上海教育出版社，2002。

　　③　［美］赫伯特·A.西蒙：《管理行为》，詹正茂译，71页，北京，机械工业出版社，2013。

因此人们在寻求各自的目的时会不可避免地导致冲突"①。当启蒙思想家说"人的理性是万物的尺度",他们道出了一个深刻的哲理;当我们说"情感是人的尺度"时,也许道出了一个更深刻的哲理。

情感对决策的影响机制,是通过影响决策主体的认知而影响决策的过程。比如,情感会影响决策主体的信息加工与选择,也会影响主体对决策问题的认知策略与认知风格,直接或间接地决定主体的决策行为方式。情感不仅对个体决策产生影响,而且对群体决策产生影响。

情感对决策的影响有正向的一面,这对理性决策是一种补充。"非理性"也并不等于"无理性"或"不理性",理性侧重于分析与权衡,非理性侧重于感觉、直觉等。区分理性与非理性的标准是决策中的思维特征,而不是决策的过程与结果是否正确。基于情绪和情感等"非理性"的决策,并不等于"不正确"的决策。比如现实生活中,基于情感的婚姻比基于理性的婚姻幸福的概率往往大得多。

情感对决策的影响有负向的一面,并由此引起决策中的价值困境。②一是个人与社会(集体)的关系上偏向于个人情感需要,有可能与公共利益发生背离。在学校决策中,当决策主体

---

①　[美]塔尔科特·帕森斯:《社会行动的结构》,张明德、夏遇南、彭刚译,100页,南京,译林出版社,2012。

②　苏曦凌:《行政人的非理性世界——行政政策的非理性维度研究》,114～116页,北京,光明日报出版社,2013。

的个人需要与社会需要发生冲突时，往往会出现情感偏向，重个人利益而忽视公共利益。有时会出现决策者对某些问题置之不理或久拖不决，甚至修改备选方案以达到满足个体需要的做法。比如，学校处理因有偿家教而违背师德规范的教师时，往往忽视教育行政部门的明文规定，含糊其词，大事化小，小事化了，觉得有偿家教是社会现象，从情感上包庇自己学校的教师。但这样也往往忽视了家长和学生的利益，忽视了师德规范，忽视了公共利益，以灵活性牺牲了原则性。

二是在主观与客观的关系上偏向于感情用事，有可能与客观规律发生背离。在学校决策中，违背教育规律的事情偶有发生，其根源是决策者主观武断，盲目决策，当其主观需要与客观规律发生冲突时，往往感情用事，急功近利。比如，一些学校为创建特色学校，为特色而特色，以标签化、符号化的方式推进特色创建，忽视了学校的特色其实是学校的本色，忘记了学校的特色是内生的而不是外加的，是生长的而不是建设的。违背规律的结果往往事与愿违。

三是在主要价值目标与次要价值目标关系上权衡失当，强调结果，忽视程序，强调效率，损害公正，使得目的与手段产生背离。在学校决策中，常常会出现价值错位，比如学校为了追求升学率加班加点，以牺牲师生的时间和健康为代价，以牺牲学生的全面发展为代价，结果忘记了学校育人的终极目标，舍去了学校教育的本质追求，舍本逐末。

四是在处理价值收益与价值成本的关系时偏向于创收，而对决策的代价关注不够。学校决策者往往对决策的风险与代价考虑不足，准备不够，结果得不偿失。有些时候则是为了追求政绩，不惜代价。比如，有些学校盲目扩大办学规模，举债建设新校区，追求硬件建设，忽视内涵式发展，最终损害办学质量与办学效益。

情感与理性并不总是一致的，理性遵循的是客观逻辑，情感遵循的是主观感受。在学校决策中，理性与情感的交锋、逻辑与感觉的相遇、合情与合理的冲突、主观与客观的背离，常常给决策者带来纠结与困惑，使决策者陷入两难困境。

第二节　由学校组织环境因素引起的价值冲突

学校组织环境中的相关因素，如上级行政权力的干预、各种利益的博弈、人情关系的干扰等，往往给学校决策带来较强烈的价值冲突。

一、学校决策中的权力干预

权力是指权位、势力，本质上是一种支配力。马克斯·韦伯认为，权力意味着在一定社会关系里哪怕是遇到反对也能贯彻自己意志的任何机会，不管这种机会是建立在什么基础之上。[①]权力一般来源于法律法规、上级组织和社会公众。法律法规确定的是合法性权力，上级组织赋予的是行政性权力，社会

---

① ［德］马克斯·韦伯：《经济与社会》，林荣远译，81 页，北京，商务印书馆，1997。

公众的期待和信任构成社会性权力。本文讨论的是上级行政权力过度干预对学校决策的影响。

表1-2中的调查结果表明，上级干预对学校决策的影响"经常发生"的比例是26.9%，"偶尔发生"的比例是49.6%，二者相加是76.5%，远远高于"很少发生"的比例（23.5%）。

表 1-2　上级行政干预对学校决策的影响

上级行政干预对学校决策的影响	很少发生	经常发生	偶尔发生	合计
人数/人	69	79	146	294
百分比/%	23.5	26.9	49.6	100

学校决策中遇到行政权力干预有三种情况。第一种情况是行政干预过度，造成上级行政越位，挤压学校决策的空间。过高估计政府的决策能力，过低估计学校的决策能力，这种权力本位、行政本位的管理方式的结果是政校不分，以政代校。

第二种情况是行政权力相互冲突。当学校接到来自两个以上不同的上级行政权力的指令，并且指令不相一致的时候，可能产生权力冲突。当两种以上的权力冲突发生时，控制学校最重要资源的行政权力往往会取得更多的优势。另外一种倾向是"县官不如现管"，在管理的链条中，越是接近于学校的行政权力，越会在权力博弈中取得更多的优势。

学校作为教育行政管理的终端，承接着各种行政权力的指令。上面千条线，下面一根针。当来自两种或两种以上行政权力对学校决策的要求不一致时，就会引起学校决策的价值冲突与困境。一是行政权力之间的冲突，比如教育局局长让你这么做，而教育局书记让你那么做；或者上级组织的指令与上级的上级的要求不一致。二是行政权力与政策法规的冲突，比如政策要求学校这么做，而上级领导要求那么做。三是行政权力与公众期待之间的冲突，比如上级要求你这样做，公众期待（社会舆论和家长期望）希望你那样做。公众期待所形成的社会性权力，在学校决策中也有很大的影响力。在学校决策实践中，学校管理者常常遭遇上述冲突，使学校决策处于尴尬的两难境地，考验着决策者的价值选择和价值自主。

第三种情况是行政干预不当，即学校决策遇到明显不当的上级指令，会产生行政伦理冲突与困境。根据职业伦理，忠诚与服从是行政人员的基本准则，但如果上级的指令不当，有违公共利益，学校决策者的价值取向会摇摆不定，很多时候会屈从于上级权力，出现不应有的软弱与妥协。

有的地方为了完成脱贫攻坚任务，要求教师参与当地的抚贫工作（见案例 1-1）。有的地方要求辖区内各学校教师承包 1 到 2 个池塘巡检，出了溺水事故要追究教师责任（见案例 1-2）。有的地方甚至要求中小学教师参与征迁工作。实际上，早在 2019 年 12 月，中共中央办公厅、国务院办公厅就印发了《关于减轻中小学教师负担进一步营造教育教学良好环境的若干意见》。随后，全国多地出台相关措施。然而，很多地方的中小学教师反映，当前教育以外的工作负担依然沉重。

新华社"新华视点"记者曾报道：一名小学校长告诉记者，

上学期，县里将统计碘盐食用率的任务交给学校。为此，教师只好千方百计收集学生家中的食用盐，做好标记送有关部门检测。而检测结果出来后，该部门又提出，要求老师对食用非碘盐的家庭进行科普并回传记录。此外，一些行政单位还将本部门的工作层层加码给学校。多地乡村学校校长对记者说，学校曾被要求代收家长人身意外保险费、催缴水费等。因办学要依赖多部门支持，学校担心拒绝后会带来更多不便，于是不得不承担下来。

山西省一名乡村学校教师告诉记者，畜牧局统计农村牲畜存栏量的任务也被分配给学校。老师需统计农民家中饲养猪、羊、牛等情况，填好表格、搜集照片。"不少农村老人不会用智能手机，有几位老师只好到农民家里清点牲畜数量。"该校校长说。

贵州一名乡村小学校长说，当地镇政府给学校摊派征缴医保的任务时，会根据完成情况排名，垫底学校会被通报批评。陕西多名受访校长和教师也称，他们要按相关部门要求统计缴纳医保情况，没有缴纳医保的学生和家长，他们还要一个个打电话询问缘由，并劝说其缴纳。[1]

对于这些明显的行政干预不当，学校管理者的价值自主，就显得弥足珍贵了，不仅要有内心的坚定信念，一致性的价值观，还需要勇气与智慧。

---

[1]   孙亮全、李紫薇、郑明鸿、张子琪、王艺霖、赵英博：《代收费、点赞投票、清点牲畜……部分中小学教师被非教学任务所累》，新华社调查，2023-09-26 。

二、学校决策中的利益博弈

利益是指能满足人们需求的事物。利益冲突是"利益主体基于利益差别和矛盾而产生的利益纠纷和利益争夺"[①]。在利益主体多元化的今天，很多冲突的背后是利益之争。利益困局自古以来始终未曾破解。天下熙熙，皆为利来；天下攘攘，皆为利往。[②]马基雅维利、霍布斯以"人皆自私自利"为起点来建立政治学框架；古典经济学家以"理性人"的假设为起点建立经济学框架，认为人是追求自身利益最大化的"经济人"；自然科学似乎也提供支持，生物学家理查德·道金斯（Richard Dawkins）写过《自私的基因》，认为追求私利是人的基因的作用，与生俱来。[③] 决策与利益高度相关，决策的本质特征是趋利避害，是利益的分配与再分配，是利益的表达与整合。在此过程中，必然存在利益冲突。

利益博弈是学校决策中最普遍的一种冲突状态。"任何组织实际上都是由不同的利益集团组合而成，因此，组织内部的决策过程是一个各种利益集团之间讨价还价、相互影响、相互妥协的过程。"[④]学校决策过程中的利益博弈具体表现为三种类型。第一种是学校不同利益主体之间的利益博弈，如教师与学生之间、师生与学校之间、家长与学校之间的利益纠葛等。第二种是全局利益与局部利益之间的博弈，如年级部与学校之

---

① 王伟光：《利益论》，152 页，北京，人民出版社，2001。

② 司马迁：《史记·货殖列传》，983 页，郑州，中州古籍出版社，1994。

③ 陈嘉映：《价值的理由》，27 页，北京，中信出版社，2012。

④ 周雪光：《组织社会学十讲》，167 页，北京，社会科学文献出版社，2003。

间、班集体与年级部之间、学校与更大的教育系统之间的利益
博弈等。全局与局部利益之间的博弈，本质上是主体利益博弈
在空间维度上的展开。第三种是长远利益与眼前利益之间的博
弈，如学校的升学率与学生的全面发展、学校的隐性文化建设
与显性物质建设等。这一类利益博弈，本质上是不同主体之间
的利益博弈在时间维度上的展开，是引入时间维度之后的一种
曲折表达。在这些利益博弈与纠葛中，学校决策似乎总是难以
两全其美，难以满足不同主体的利益诉求。

案例 1-5：学生写文章影射教师[①]

学校有一份文学社与语文组主办的校园文学刊物，每年出
四期，在学生中深受欢迎，几乎人手一册。在某一期杂志上，
刊发了一篇高二学生创作的新武侠小说。有细心的教师发现，
其中多数反面人物的名字是几位学校教师名字的演变，带有明
显影射的特征。相关教师很生气。

经了解，这位同学平时表现一般，并无太出格的行为，不
是问题学生。

学校开会研究，观点不尽一致。有人认为应该处分学生，
该生行为明显是对教师人格的轻侮，影响恶劣；有人反对处
分，认为这只是个恶作剧，并无特别的恶意，用的是化名，也
非实指，现实与具体文章情节并无关联；有人认为责任应该在
编辑，是编辑把关不严，造成不可挽回的影响。

[①] 案例根据 M 学校实例编写。

文中牵涉的教师很生气。家长表示，孩子不懂事，愿意向教师赔礼道歉，但请求学校不要处分孩子。编辑部主任也表示歉意，由于自己把关不严，愿意承担责任。

这则案例反映的是师生利益博弈。在学校决策中，教师和学生是最主要的两个利益主体。师生关系是最基本的一对关系，师生之间的冲突也成为最常见、最普遍的冲突，是学校内部利益冲突的典型代表。学校在处理师生冲突时，容易产生价值两难。案例1-5中的教师是受害者，可是学生的行为似乎也就是个恶作剧。学校如何处理，似乎难以下手。这样的事例时有发生。究竟是教师第一还是学生第一？先维护教师的利益还是学生的利益？校园的主体是教师还是学生？有人认为是学生第一，学生的成长是学校教育的目的，是学校存在的意义。教育是服务业，教师是为学生服务的。有人认为，教师第一，教师是教育的主体，学生是学校教育的对象。学生是流动的，铁打的营盘流水的兵，教师才是校园的守望者。一个学生在学校只待短短几年的时间，一个教师在学校可能待三十年，学校的第一资源是教师。也有人认为，师生同样重要，学校是由师生共同组成的集合体，师生在学校都要发展和成长，其正当合法利益都应得到维护。学生是未成年人和受教育者，培养学生成长是学校的根本目的；同时，教师作为教育工作者，在教书育人、促进学生成长的同时，也要获得自身的发展。教师的发展与学生的成长都是学校的目的。按照康德的说法，任何人永远不能成为手段和工具。人是目的本身，不能把教师看作学生成长的工具和手段。所以学校里面的"以人为本"应该是"以师生为本"。

其实，当师生之间利益发生冲突时，应该视具体情况而定，总体上应该遵循未成年人利益优先的原则，更多地站在学生的一方考虑问题。也许天平倾向学生一边，更符合教育伦理。但也不能一味偏袒学生，而放弃了学校的教育责任。

学校是一个多元的利益集合体，有时候家长也会构成利益的一方，与学校和师生之间产生利益冲突与纠葛。尽管理论上学校、师生、家长的利益是一致的，但在管理实践中，不同的利益群体有不同的利益诉求。

案例 1-6：学校停课

南方某地冬天连遇暴雪。根据气象部门预报，为应对寒潮和暴雪，该地市教委下发《关于做好大范围持续雨雪冰冻天气防范应对工作的紧急通知》，要求：1 月 24 日—28 日，全市义务教育阶段学校、幼儿园和农村高中阶段学校停课，期末考试未进行的暂缓进行，后期各校妥善安排期末考试；城市高中阶段学校要做好停课准备，如遇极端天气及时停课。

该通知对于城市高中学校是否停课没有做出硬性规定。通知下发后，该市几所高中学校的高三家长分别到各自学校，强烈要求本校高三年级不要停课，以免耽误孩子复习迎考。

当教委的要求与家长的诉求不一致时，如果您是其中一所学校的校长，您如何处置？如何与家长做好沟通工作？

这样的事情也常常发生在高中阶段关于周末和假期补课

上。这些年来，各地教育行政部门三令五申，不准周末、节假日进行集体补课，并进行明查暗访，对于违规补课的学校给予批评和处罚。但学生家长却有着不一样的诉求，特别是高三年级的学生家长，往往要求学校利用节假日或双休日给学生集体补课。家长的理由是，别的地市高三学生在补课，我们学校如果不补课，学生高考成绩受影响，谁来负责？不少学校迫于家长压力，往往冒着被查处的风险，违规给学生集体补课。

在学校管理实践中，常常存在这样的现象，上级要求与家长诉求不相一致，甚至发生冲突。上级教育行政部门一般是从全局和长远的角度提出要求，家长常常是从当下和现实功利的角度提出诉求。似乎二者都有一定的道理，如何处置和协调这二者的冲突，考验着学校管理者的价值观：是遵从上级要求还是顺应家长诉求？是服从全局利益还是局部利益？是考虑长远利益还是短期利益？

从道理上讲，人们都能接受这样的观点，即全局利益大于局部利益、长远利益高于短期利益；但在现实选择中，人们往往从狭隘的自身利益出发，强调局部利益和短期利益。比如，全世界都知道温室效应对地球和人类有危害，但大多数国家包括西方发达国家在内都在进行碳排放，往往都希望限制别的国家碳排放，却不会节制自己。

学校管理者也是如此，人们都知道素质教育的理念非常正确，却现实中仍在做着应试教育的努力；人们都知道学生的健康成长很重要，却往往不自觉地加班加点，牺牲老师和学生的休息与运动时间，以换取升学成绩。在理想与现实之间，在全局与局部之间，在长远与当下之间，学校管理者往往向现实妥协，向功利低头。所谓理想很丰满，现实很骨感。这一方面和中国当下的教育生态有关，另一方面也与学校管理者的价值自觉与价值自主有关。据报道，后来这个城市的雪确实下得很大，影响了交通，有几所城市高中按规定停课了，也有的学校还在照常上课。这就证明不同学校管理者的价值观是不一样的，所以有不一样的选择。

我们发现，在上述这些决策中，作为当事方之一的学生，似乎集体失语了，学生似乎总是处于被安排的境地，也没有多少人真正关心学生是怎么想的，或者这样做是不是真的为了学生的健康成长。以学生为中心、学生第一的价值观成为一句挂在墙上的口号。

作为学校管理者，在上级要求和家长诉求之间，我们应当加入一个变量，那就是学生的成长需求。当我们将学生利益放在第一位的时候，我们就能够比较容易做出选择。在本文的案例中，学生健康肯定是第一位的，当暴雪影响学生的出行安全时，学校毫无疑问应当首先保障学生的安全利益。当然，学校管理者需要和家长做好沟通，第一，学校虽然停课了，但并不停学，学校做好停课期间的学生学习安排，教师给学生合理的学习指导，布置一些学习任务，有条件的学校，也可以通过信息网络平台进行线上教学，保证学生在停课期间的学习不受大的影响。第二，可以告知家长，暴雪期间停课，等天气正常后，可以用后面的双休日进行补课。2011 年冬天，我在波士顿的一所高中做影子校长，遇到了暴雪天气，当地的所有中小学停课。校长告诉我，他们中小学每年的教学时间是 182 天，如果遇到极端天气停课，就用后面的双休日进行补课。这样的解释和沟通应当能够得到家长的理解和支持，也符合学生的利益。

所以，当上级要求与家长诉求发生冲突时，学校应当从学生的成长利益出发，做出正确的价值判断和选择。如此，我们就不会冒着安全风险，让学生在极端天气来校上课；我们也不会无故占用学生的双休日和节假日，违规进行集体补课；我们也就不会加班加点和魔鬼训练，不会牺牲师生的身心健康去片面追求升学率，而是想办法如何提高教师的教学水平，如何激发学生的内在动力，如何让学生学会学习，进而提高学生的升学成绩。对于教育来说，我们必须用正确的方法去做正确的事，急功近利必然行将不远。

三、学校决策中的关系纠葛

人情、关系和面子，是本土概念。虽然西方社会学中也有"关系"等相近概念，但其含义相去甚远。中国学者翟学伟对人情、关系和面子进行了长达 20 多年的研究。他认为，中国人的"人情"，并非单纯指人与人之间的感情，而是人与人的关系中产生出来的情面（世情）。中国人的"关系"，也并非是指人际关系，而是"通过血缘关系或人情关系来获得职位和权力，更通俗的形象说法也叫'走后门'，以指通过不正当的渠道或私人交情达到个人的目的"[1]。西方社会学语境中的关系是社会结构中的联结，中国人的关系则成为一种社会资本或资源。中国人所说的"面子"，也并非是指人的脸，而是个体要求别人对他表现出的尊敬和（或）顺从。他之所以有这种要求，是因为他在社会网络中占据一定的地位。[2]

在中国的人情观中，人情更具有伦理色彩，礼的成分多于情的成分，而非单纯的自然感情，人情脱离了情感，进而含有势利的成分。工作义务、职责与人情混在了一起。"中国人际关系的基本样式就是人情，也就是在血缘关系基础上和儒家伦理的规范下发展出来的一种带有社会交换性的社会行为。"[3]从社会学的角度上看，任何社会中的人都是以关系结成的，关系在西方不是一个负面的术语，是社会资本理论中的核心概念。在中国社会，关系本身就是资源。关系中有人情在，二者相互依存。

在学校的管理和决策实践中，都或多或少存在写条子、打招呼的现象。有研究者的调查表明，校长决策的合理性受人际关系的影响平均得分 19.255 分，高于中等程度（15 分）。这反

---

① 翟学伟：《中国人的脸面观——形式主义的心理动因与社会表征》，317 页，北京，北京大学出版社，2011。

② 翟学伟：《中国人的脸面观——形式主义的心理动因与社会表征》，75 页，北京，北京大学出版社，2011。

③ 翟学伟：《人情、面子与权力的再生产》，160 页，北京，北京大学出版社，2013。

映了我国中小学校长决策受到人情关系的影响。①本研究所做的相关问卷调查也验证了这一观点（见表1-3）。

表1-3　人情关系对决策结果的影响

人情关系对决策结果的影响	从未发生	经常发生	偶尔发生	合计
人数/人	15	48	231	294
百分比/%	5.1	16.3	78.6	100

调查表明，16.3%的学校决策者表示人情关系对决策结果的影响"经常发生"，78.6%的学校决策者表示"偶尔发生"，5.1%的学校决策者表示"从未发生"。

在学校决策实践中，人情难免与事理相悖。不帮人家解决问题，往往等于不通人情。儒家注重通情达理，不"通情"比不"达理"更为严重。人情的背后更多的是面子，不通人情，也即不给人面子，你驳了某人的面子，某人可能记在心里，有机会也会为难你一下。人情关系给学校决策带来的压力是决策者常常感受到的。

第三节　由学校决策中结构不良问题引起的价值难题

学校决策中的结构问题也会带来决策的困境。学校决策中的结构问题可以分为两类：一类是结构良好问题（well-structured problem），另一类是结构不良问题（ill-structured prob-

---

① 汤林春、林婕：《关于中小学校长决策合理性的调查研究》，载《上海教育科研》，1999(11)。

lem)。①人们在决策理论中讨论的一般是结构良好问题。林德布洛姆(Charles E. Lindblom)在《政策过程》一书中描述了一个经典的全面理性的决策模型，在决策中，结构良好问题具有如下特征：(1)决策主体面对的是一个既定的决策问题；(2)决策主体能够明确自身的各种价值目标，并能够予以排列价值序列；(3)决策主体能够列出所有可行的备选方案；(4)决策主体能够明确各个备选方案和可能后果；(5)这时他就能将每个方案的后果与目的进行比较；(6)因此选出其后果与目标最为相称的政策。② 这样的结构良好问题是一种理论的抽象。

　　而学校决策实践中出现的问题大多是结构不良问题。这类问题具有如下特征：(1)学校决策中问题的不确定性，主要表现为决策信息的不完整和决策后果的不确定；(2)学校决策中的时间压力，决策一般都有时间限定，其中有些决策必须当机立断，有限度的时间会影响决策分析的周全和判断的正确；(3)学校决策中问题的价值排序的两难，因为决策意味着取舍，取，居然可慰；舍，总归带来损伤。所以在取舍之间，千般斟酌，万般思量，难以权衡。

---

　　① 这里借用了教育心理中关于问题的分类：结构良好问题(well-structured problem)和结构不良问题(ill-structured problem)。本文借用这个概念来讨论决策中的问题，并给予这个概念以操作性定义。西蒙在讨论决策时，将问题分为"结构明晰问题"和"结构不明晰问题"，他认为："如果目标检测明确易行，同时还存在一组明确定义的潜在的解决方案综合发生器，那么就是问题结构明晰型，否则就是问题结构不明晰型。"其说法近似。参见[美]赫伯特·A. 西蒙：《管理行为》，詹正茂译，119页，北京，机械工业出版社，2013。

　　② 苏曦凌：《行政人的非理性世界——行政政策的非理性维度研究》，28～29页，北京，光明日报出版社，2013。

一、学校决策问题的不确定性

学校决策中问题的不确定性是指问题的信息不完整和结果不确定。问题的信息不完整源自学校组织环境的特点。罗伯特·G. 欧文斯认为学校决策环境的常态是变动不居，教育管理者身处的现实世界的主要特点就是模糊性和不确定性。这使得研究者们不得不重新审视学校决策，"在这个过程中，他们对决策过程中是否有合乎逻辑和合理的设想提出质疑"[①]。

问题的结果不确定是由于学校组织的另一特点，即"教育活动之间的因果关系并不紧密"[②]。一个教育活动并不马上形成结果，甚至形成的结果不一定是这一原因造成。比如，数学教师教学水平差，于是学生只有在课外请家教补课，结果班级学生的考试成绩不低，但是这位教师却以为是自己教得好而心中得意。

影响教育的因素太多了，并且并不是表面的、直接的、单一的相关。有人戏言，影响教育的因素比影响卫星上天的因素还要多几万倍。托尼·布什（Tony Bush）在《当代西方教育管理模式》一书中对学校组织的不确定性特点做了如下概述：学校的目标非常难以限定，这些目标往往是模糊的、不确定的，甚至是有矛盾的目标；学校组织的目标是否达到很难直接衡量；学校组织的教育对象是未成年人，未成年人的不确定性加剧了

---

① ［美］罗伯特·G. 欧文斯：《教育组织行为学——适应型领导与学校改革》，窦卫霖、温建平译，248页，北京，中国人民大学出版社，2007。

② ［美］罗伯特·G. 欧文斯：《教育组织行为学——适应型领导与学校改革》，窦卫霖、温建平译，258页，北京，中国人民大学出版社，2007。

学校管理和决策的模糊性；学校中的师生关系区别于其他组织内的人际关系；学校的决策具有断层的特点，学校外部的机构与群体对学校决策影响很大，学校内部又具有多层次的决策点，使得学校决策责任很难明确；中小学的许多具有管理职务的人几乎没有时间从事管理工作；等等。[①]另一个角度来看，教育要素的影响虽不确定，却极其深远。恰如蝴蝶效应，一个小小的事件也许会叠加影响到孩子的未来。

案例1-7：调换教师[②]

　　暑假到了，新高三教师的调整与配备即将开始。一般情况下，学校对高三教师配备非常重视，每年根据实际情况做出微调。校长在假期接到新高三（8）班部分家长的电话和联名信，要求学校调换该班数学老师，理由是：数学老师虽然人很好，但是教学水平不高，经常在课堂上"挂黑板"，问题总是讲不清楚；该班数学成绩虽然在年级排名靠前，但那不是数学老师的功劳，是学生家长花钱在课外聘请家教辅导的结果。家长一致希望学校予以重视，重新安排优秀的数学教师，高三很关键，不能耽误孩子。没过多长时间，有几十名家长来学校与教学副校长面谈，再次提出上述要求，言辞激烈，并扬言如果学校不答应调换教师，将上访到教育局。

　　学校很重视此事，经了解，这位数学教师教学水平尚可，

---

　　① ［英］托尼·布什：《当代西方教育管理模式》，强海燕译，12～14页，南京，南京师范大学出版社，1998。

　　② 案例根据M学校实例编写。

只是与学生的沟通能力有些欠缺。两年前，学校也是因为家长反映强烈，没让他负责高三，而是将他从高二年级调整到高一年级。当时学校领导答应这位教师，下一届一定会让他一直教到高三。

教学副校长与这位教师沟通此事。教师表示，自己的教学没有问题，两年来自己认真钻研，勤勉教学，所教两个班级的学生学习成绩在年级名列中上等，而且学校两年前也有承诺，希望自己能顺利带到高三。

学校与这位教师所任教的两个班级的班主任沟通，要求两位班主任去家访，听听学生们的意见，尤其是这些反映强烈的学生的家庭。

家访的结果很意外，大部分学生反映这位教师教学很好，有些同学非常气愤父母的做法，只有一两位同学表达了对这位教师的不满。

部分家长私下表示，两年前孩子刚进高一，就听说这位教师教学水平不行，是被学校从高二调整下来的；既然上届家长向学校反映，学校进行了调整，那么这届家长也期望学校能重新安排。不过大部分家长承认，事前并未与自己的孩子认真沟通过。

案例 1-7 反映的是学校常规决策的困境，困境的缘由是信息的不完整和不准确。学生家长的诉求在情理上是对的，但是其提供的信息却不准确。学生家长主要是从上届学生家长的口中得知这位教师教学水平低，而不是由自己孩子告知。学校如果根据家长要求再次调整这位数学老师的工作，会造成决策失当，也会形成恶性循环。再过两年，或许会有下一届家长如法炮制，给这位教师带来更多的负面影响甚至伤害。

从信息论来看，决策中问题的不确定性取决于决策环境的不确定性，也即信息的不充分。至少有五种问题情境会出现在决策者面前：（1）因为缺乏知识和技能而难以理解来自环境的信息，（2）对可能产生的结果之偏好变得不够确定，（3）备选的行动方案及其结果变得越来越不可预测且充满风险，（4）策略与战术变得比较难以沟通和实施，（5）某项决策的潜在结果尚不可预知。[①]学校教育中的问题大多是关于人的问题，人的问题比事的问题具有更多的不确定性，这给决策带来了不可预知的变数。

二、学校决策问题的时间压力

学校决策中的问题是有时间性的。时间和空间是问题存在的两个重要维度，也即问题的情境性，问题是在时空情境中存在的。问题的解决也同样有时间的限制与压力。时间是决策的重要因素，也是决策的重要变量。任何决策都是在当时情况下的有限选择。在时间压力下，信息搜集和后果预测往往是不完全的，影响正确决策的做出。皮埃尔·布迪厄（Pierre Bourdieu）在《实践感》中专门阐述时间在实践中的作用。他认为一切实践行为的重要因素是情境，情境包括时间和空间，空间是实

---

① ［美］韦恩·K. 霍伊、塞西尔·G. 米斯克尔：《教育管理学：理论·研究·实践》，范国睿等译，236 页，教育科学出版社，2007。

践的条件和手段，时间是其展开的方式。他认为实践家和理论家的区别在于时间性，理论家或者分析者将实践非时间化。"对于分析家来说，时间消失了。……分析家总是事后才来，对于可能发生的事不会没有把握，还因为他来得及进行总体化，亦即克服时间效应。"决策实践者所依据的是现实情境下的可能性，而不是事后诸葛亮式的全知全能，因此，"紧迫性——人们有理由认为它是实践的一个基本属性"。[①] 分析家对实践的时间分析，不仅没有紧迫性的压力，而且是将时间还原成科学时间，或者叫作时钟时间，即线性的、同质的和连续的时间。其实，实践中的时间是社会时间。"社会时间是质的，而不完全是量的。……它服务于呈现它们在其中被发现的各种社会的韵律、跃动和节拍。"[②]因此它有着不同的速度和节奏，"即时间的加速与缓行——这要看人们如何使用时间，也就是说取决于在时间中完成的行为赋予时间的职能"[③]。学校决策中的时间压力会使人觉得时间流逝的速度加快了，反过来又愈加增添了决策的时间压力。

决策一旦做出，就无法挽回，因为时间是单向度的，决策一旦做出就产生了新的局面，新的局面又会影响到下一步的决策。现时的决策是在既往决策结果的基础上的决策，现时的决

---

① [法]皮埃尔·布迪厄：《实践感》，蒋梓骅译，138 页，南京，译林出版社，2009。

② [英]约翰·哈萨德：《时间社会学》，朱红文、李捷译，5 页，北京，北京师范大学出版社，2009。

③ [法]皮埃尔·布迪厄：《实践感》，蒋梓骅译，117 页，南京，译林出版社，2009。

策又对未来的决策产生影响。理论家的理论模型"忽略了产生正在形成的实践之时间实在性的东西"。实践在时间中展开，本质上是一个线性系列，并且具有不可逆转性，"实践的时间结构，亦即节奏、速度，尤其是方向，构成了它的意义"①。决策一旦做出，就产生了成本，即便这个决策是不恰当的，决策者考虑到先前决策的时间、资源等的投入，下一步也会继续在原先决策的基础上继续前行，这是决策心理学中的"沉没成本效应"。沉没成本效应会导致非理性的决策行为，也给决策带来判断和选择上的困境。

时间本身也构成决策取向的一个重要维度，决策者的价值选择是远期价值还是中期价值，抑或是短期价值？考虑的主要是当下利益，还是长远利益？解决的是现时问题，还是系统问题？决策及其问题的时间性，往往使得决策者被迫采取临时应对的策略，解决当下面临的即时性问题，以消解时间的压力。其背后也折射出决策的价值取向。

任何决策都有时间性压力，学校决策更是如此。学校决策指向的是人的成长，虽然周期长，但影响深远。一旦决策做出，具有不可逆性，因为人的成长不能用试误的方法，育人不可以像做实验一样重来。正如英国哲学家洛克（John Locke）在《教育漫话》中所说："教育上的错误比别的错误更不可轻犯。教育上的错误就像配错了药一样，第一次弄错了，决不能借第

①　同上书，113 页。

二次第三次去补救，教育的影响是终身洗刷不掉的。"①

三、学校决策问题的价值两难

每一个真正的困境都涉及价值平衡。学校决策中的问题往往存在价值排序的两难。首先是不同利益主体之间的价值排序两难。比如，在学校中关于教师与学生之间的价值排序，是教师第一，还是学生第一？大多数管理者都重视师生双方的利益，但在二者发生冲突的时候，管理者和决策者往往会偏向其中的一方。又如教学与行政，何者更为重要？行政承担的是管理职能，教学承担的是专业职能，在学校奖金、荣誉、权利等方面，如何兼顾二者的平衡？再如上级与下级，上级的指令是刚性的、需要执行的，下级的诉求是现实的、合理的，当二者不一致时，如何兼顾上级的要求与下级的诉求？等等。这些是决策中经常遇到的价值选择难题。

其次是教育教学理念的价值排序两难。比如，自由与纪律，对于中小学生而言，是自由为先，还是纪律为重？有的学校管理者认为学生上学不应该携带手机，因为有些学生可能会不正确地使用手机，学校应该明令禁止学生携带手机到校；有的教育工作者认为携带和使用手机，是学生的个人自由。如何在秩序与自由之间创造平衡的秩序是一个棘手的现实问题。又如，统一与个性，是重视统一，还是强调个性？有的学校要求

---

① ［英］约翰·洛克：《教育漫话》，3 页，傅任敢译，北京，教育科学出版社，1999。

学生统一着装，统一发型，强调统一性；也有人认为着装与发型是学生的一种权利，应该允许学生保留自己的个性，尊重学生的权利。究竟如何权衡才合情合理？

最后是学校决策取向的价值两难。比如，学校决策关注的是科学、民主还是道德？决策的科学范畴主要关注效率与效益、速度与质量、规律与技术、方法与手段；决策的民主范畴主要关注程序与机制、利益与平等、妥协与博弈、多数与少数；决策的道德范畴关注的是公益与私益、公平与效率、解制与规制、伦理与人文等。三者的取向各不相同，何者为先，何者为重？又如，学校决策中的合理、合法与合情，究竟如何兼顾情、理、法？有的人认为对事应该是法、理、情的顺序，对人应该是情、理、法的顺序。再如，学校决策关注的是目的还是手段，是动机还是结果？这是义务论与后果论的分野，义务论强调的是动机与目的的合理性，只要"行为是合理的，他把其行动的后果留给上帝"①；而后果论者强调的是效果，以效果来证明行为的意义。二者各不相容。在学校决策中的公平与卓越的价值排序中，公平主要体现为学校教育的权利公平、机会公平、过程公平和结果公平，注重教育的资源配置与教育过程，是社会公平对教育的反映与要求，也是教育外在的价值追求；卓越是学校教育的质量维度，主要体现在质量、速度、效率、内涵等内在的质的标准，是教育的内在价值追求。这些深

---

① ［德］马克斯·韦伯：《社会科学方法论》，114 页，杨富斌译，北京，华夏出版社，1999。

层次的价值两难，涉及学校决策的伦理层面，难在价值权衡和价值排序，难在很多时候无法比较，不可兼容。在学校决策实践中往往非此即彼，顾此失彼。

综上所述，学校决策的价值困境，来自决策者主体、决策环境、决策问题三个层面的影响。

从学校决策主体来看，学校决策主体由于认知、角色和情感等自身限度造成决策的内部压力，体现的是决策者的知、情、意等方面的因素对决策价值取向的影响。从决策环境来看，学校组织环境中的权力、利益与人情关系构成决策的外在压力，体现的是政治、经济、社会因素对学校决策价值取向的影响。它们与学校决策问题本身的复杂性，共同构成学校决策的价值困境。其中，决策环境是显性的影响要素，决策主体的认知、情感与角色等是隐性的影响要素。

"任何一种为了某些目标的利益而做出的选择都会牺牲其他有价值的目标时，就会出现困境。"①困境与问题是不同的，问题是可以通过现有理论和规则予以解决的困难，而困境是在现有框架内难以解决的两难。在这些价值冲突与困境面前，学校决策做何选择，涉及价值取向问题。

---

① ［美］韦恩·K. 霍伊、塞西尔·G. 米斯克尔：《教育管理学：理论·研究·实践》，404 页，范国睿等译，北京，教育科学出版社，2007。

第二章
学校决策的三种价值取向分析

价值是行动的先导、指向和动力。价值取向不仅支配着主体的一切活动，而且成为判断和评价各项活动合理性的准则。

学校决策是一种价值行为，总是明示或暗示着不同的价值取向，不同的价值取向直接和间接制约着决策主体的价值判断与价值选择。在价值多元的时代，决策主体的多样性、利益主体的多元化、决策环境的多变性，使得学校决策的价值取向呈现多维化的特点。本章提出，利益冲突、权力干预和人情纠葛，是影响学校决策价值取向的三个主要因素，并且由此呈现出三种相对突出的负面价值倾向性：权力本位的行政取向、利益本位的功利取向、人情本位的关系取向。①

---

① 这三种取向也可以概括为政治取向、经济取向和社会取向。学校决策的教育取向，是学校决策的应有之义，也是学校决策的专业理性的本质追求，在第四章中再做讨论。

第一节　学校决策的行政取向分析

学校决策的行政取向主要基于权力本位，这是从决策权力配置的视角来分析，主要体现在两个层面：第一个层面是在学校外部，由于决策的权力较多集中于上级行政部门，带来不同程度的上级行政权力越位，导致学校决策空间被挤压和学校决策权力被削弱；第二个层面是在学校内部，治理结构的行政化导致决策行为的行政化倾向。

一、外部行政干预与学校决策的行政化

案例 2-1：学校雾霾停课

2014 年 2 月，北方某市连续几天发布雾霾橙色预警，在 H 区教委明确不同意之后，B 校初中部仍然坚持停课，引起广泛讨论。

2 月 24 日，B 校初中部发出紧急通知：2 月 25 日（周二）停课一天，2 月 26 日（周三）是否停课，请各位同学及家长于 25 日下午 3 点后关注校园网初中部"通知"栏目进行确认。记者从 B 校核实，该校初中部确实停课一天，高中部学生和教师还正常上课上班。据该校一位工作人员介绍，初中部虽然停课，但学校启动了一个特殊情况学习平台，学生在家也能与教师沟通互动学习，为保证学期总课时没有减少，学校将进行补课。

对此，区教委表示，B 校初中部停课属于个案，市教委目

前只是要求学校停止户外活动。工作人员表示，区教委已经要求学校复课。另外，记者从本市其他区教委了解到，目前没有中小学停课。

　　案例中的学校在教委严令禁止的情况下坚持停课的做法，在网络上引起了各方讨论，核心问题是学校有没有权力停课。也有人对教委的做法提出疑问。这是行政权力的干预与校本决策冲突的典型个案。在管理实践中，学校作为教育行政部门之下的教育机构，其人、财、物等主要资源的配置与决定权尚保留在教育行政部门手中，成为教育行政部门的附属与延伸。教育行政部门作为政府的代表，不仅掌握着教育资源与教育政策，甚至有些时候直接干预学校的日常管理，往往有行政越位之嫌。自20世纪80年代以来，教育权力下放的结果是地方政府获得了基础教育的管辖权和决策权，但是作为基础教育主体的普通中小学并没有获得相应的权力。制定学校法，以法律法规明确中小学的法人地位和独立的决策权，以进一步明确学校权责的边界和法律地位，加快建立现代学校制度是当务之急。

　　在中国的教育管理中，文件是教育决策和学校决策的显性呈现方式。我们对M学校的文件进行了统计研究（见表2-1、表2-2）。M学校2012—2014年共印发正式文件125份，基本上反映学校程序性正式决策的概貌。其中，上行的文件（包括请示、申请、报告、建议）68份，占文件总数的54.4%，超过半数。下行文件（包括决定、规定、意见、办法等）56份，占文件总数的44.8%。平行文件1份，占文件总数的0.8%。可以看出，学校事务的主要决定权还是在上级教育行政部门，学校的大事均须汇报请示，校本决策的空间有限。

表 2-1　M 学校正式文件类型统计(2012—2014 年)①

学校文件	数量/份	比例/%
决定	13	10.4
请示	36	28.8
申请	17	13.6
报告	13	10.4
通知	4	3.2
意见	2	1.6
办法	7	5.6
方案	16	12.8
总结	5	4
工作纲要	7	5.6
函	1	0.8
规定	2	1.6
建议	2	1.6
合计	125	100

表 2-2　M 学校正式文件上行下行统计(2012—2014 年)②

学校文件	数量/份	比例/%
上行	68	54.4
下行	56	44.8
平行	1	0.8
合计	125	100

M 学校 2012—2014 年收到的上级教育行政部门正式文件共 2 135 份，平均每年 700 余份(见表 2-3)。从数量上看，与

---

① 数据来源于 M 学校的内部资料。
② 同上。

学校出台的文件数量(共计 125 件)之比,达到 17：1 的比例。可见,对于学校管理而言,来自上级的指示远远超过学校自身的决定。

表 2-3　M 学校收到上级教育行政部门正式文件类型统计(2012—2014 年)①

教育行政部门文件	数量/份	比例/%
通知	1 797	84.2
通报	137	6.4
意见	34	1.5
决定	8	0.4
要求	4	0.2
办法	25	1.2
方案	37	1.7
计划	25	1.2
规定	3	0.1
工作要点	34	1.5
函	11	0.5
其他	20	0.9
合计	2 135	100

从上级教育行政部门的文件内容来看,这些文件几乎涵盖了学校管理的方方面面:从开学日期到放假规定、从教材选定到课程设置、从德育到教学、从招生到考试、从人事到经费、从党务到行政、从规章到活动等,事无巨细。对于学校而言,自主的决策空间非常有限。访谈中一些校长对此这样抱怨:

---

① 数据来源于 M 学校的内部资料。

"我们讨论校长的决策，决策什么呢？我个人感觉一个好校长，在贯彻上级行政主管部门的要求过程中，要尽量减少功利性，而按育人的要求去落实。因为上级部门所做工作考虑的出发点，可能与学校的教书育人的最终目标不是太吻合，但是在这种情况下，做校长的，就要靠自己的领导艺术，尽量减少上级要求中负面的东西，通过策略和方略上的改变，使贯彻上级要求与学校教育、办学的目的相契合。这是一个好校长的关键点之一。"（访谈 2-1）

"决策更多的是指战略性、方向性的，这样的决策在学校基本没有，有的只是技术、方法、途径层面的选择。所以中国校长的问题主要不是决策，而是执行的问题。谈校长的执行力更有现实意义，谈决策只有书本上的理论意义。

"校长的决策空间很小。也不存在什么决策难题。在体制内做决策容易，也非常简单。就是按照上级行政部门要求去做，否则你也很难干下去。"（访谈 2-2）

"学校是高度规范化的组织，上下课的时间、上什么课、上多少课都被上级规定好了，没有多少事。如果有很多事，那是校长折腾出来的。有人问：'做校长很忙吧？'我认为校长真的不忙。你说忙什么呢？整个办学非常规范，几点钟上课，几点钟下课都是上面规定好的，校长要是忙都是自己找的。"（访谈 2-3）[1]

---

[1]　对 Q 校长的访谈，访谈时间：2014-05-07。引用时有改动。

在管理实践中，学校往往成为教育行政机器上的齿轮，深深嵌入其中，随之一起运转，学校自身的主体性价值被悬置。学校的决策空间也相应被挤压和收缩，日益逼仄，校本决策失去了自己应有的空间。一位小学校长如是说：

"所有的事情要从你脑子中过一过，要你去分配，你需要时间和精力，一天中有多少工作全从你这周转，哪怕上面借你一间教室用，在你这开一个很短的会，这些事情也要经过校长。这些问题我都提过，但整个模式就是这样，似乎他们已经非常习惯了，一种惯性推着他们就这样做，长年累月没有任何的改变。

比如统计学校现有多少桌椅板凳，下一步你还需要多少桌椅板凳这类事情，有后勤副校长，有总务主任，你给校长腾出一点时间来啊。校长整天过得非常忙，所以我做一点事情全都利用下午下班的时候，一般每天走得都很晚，老师还以为你家里没事，想在办公室多待一待，实际上是这个时候才能安静下来，到校园里面看一看、走一走、思考思考，桌子跟前坐一坐。讲得稍微严重点，这样的模式对人的生命是一种损耗，对健康也是一种损耗，至少是在耗费你的时间和精力。不知道什么时候这种模式才能改变，包括检查、验收、申报申办什么东西等特别多。以前在企业三年才有一次，现在一个月就有很多次，有时候一天里就要接待几场。"（访谈 2-4）①

①　对 Y 校长的访谈，访谈时间：2014-06-06。

　　上级行政权力的越位，致使学校决策的空间日渐萎缩，决策的指向由校本转为上级，决策的根据由校情转为上级指示和文件精神，决策的价值取向被行政力量所牵引，无可奈何地倒向行政化的一端。

　　"如果将校长定位为行政处长、行政科长，即政府的行政下属，好办得很，可以按上级规定办。若校长要有自己的教育思想，则矛盾、困惑、烦恼就多了。这是校长内在的烦恼。

　　"作为一个校长，希望外部环境，包括政策环境越简单越好，为校长的管理、引领留下一定的空间。

　　"关于去行政化。其实学校的行政化是指政府管理学校方式的行政化，校长行政级别只是其中很小的一点，如果说去行政化就是取消学校行政级别，简直是开玩笑。比如现在将教师的人事管理权由人社局转移到教育局，其实还是政府行政部门之间的权力转换而已，并不是去行政化，更不是给学校赋权。"（访谈 2-5）[1]

　　"有时候区里面过问得特别细。我跟全体老师说：'我们的麻烦再多，我们的负担再重，变化再大，都必须要去面对、去接受，需要扭转的是我们自己。'我把这些跟规范化办学联系在一起，用这样一个倡导、一种思想，去扭转老师心理上的一些排斥和不习惯。"（访谈 2-6）[2]

　　学校干部是上级组织任命的，学校政策是上级组织制订

---

① 对 Q 校长的访谈，访谈时间：2014-05-07。
② 对 Y 校长的访谈，访谈时间：2014-06-06。

的，学校资源是上级组织控制的。因此，在学校管理实践中，上级行政权力具有支配性、强制性，当上级的行政权力有明显的行政越位的倾向，就会影响学校校本决策的空间和决策的导向。调查和访谈发现，就行政权力的支配力量而言，义务教育学校要大于非义务教育学校，区属学校要大于市属学校，县城学校要大于城市学校。

二、学校内部治理结构与决策机制行政化

现代学校制度建设包括两个方面：一是学校与外部的关系，主要涉及的是政校关系，是政府与学校的权力边界的划分，主要是落实学校办学自主权和法人地位，实行真正的校本管理；二是学校内部治理结构，主要涉及的是学校内部权力的分配与制约，核心是决策权的分配与制衡，构建科学民主的决策机制。

关于学校与外部的关系，前面已经讨论过。从学校内部治理结构来看，目前的多数中小学校内部治理结构还不够完善，行政化、科层制特性明显，与现代学校制度建设的要求相距甚远。学校决策机制的行政化，直接导致学校决策行为的行政化。

第一个问题是学校组织结构的科层化。从学校组织结构来看，学校机构的管理层级过多；学校决策的位置过高，呈现韦伯所阐述的科层制组织的典型特点。

案例 2-2：M 学校组织结构[①]

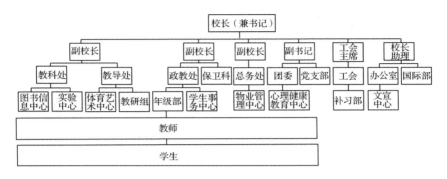

图 2-1　M 学校组织结构图

图 2-1 是 M 学校的内部组织机构示意图。其中，中层正式机构 10 个：办公室、教导处、教科处、政教处、团委、党支部、保卫科、总务处、国际部、工会，这些部门是上级行政部门核准设置的组织机构，均为科级机构。非正式机构是学校内设机构，有图书信息中心、实验中心、体育艺术中心、心理健康教育中心、学生事务中心、物业管理中心、文宣中心、补习部 8 个机构。学校管理从校长到达学生有 6 个层级。学校校长（兼书记）、副校长、副书记等校级领导组成决策层，工会主席、校长助理列席，参与正式决策。这样的组织结构清晰，上下级隶属关系明确，但是层级过多，决策位置过高，决策层与基层一线之间距离过大。结构决定性质，如此行政化、科层制特征的组织结构，必然导致决策的行政化。

第二个问题是决策形式的封闭性。以下是 M 学校的章程，

---

①　根据 M 学校组织结构绘制。

从中可以看出该校决策形式具有封闭性的特点。

案例 2-3：M 学校章程（节选）[①]

第二章　管理体制

第五条　学校的主管部门是 M 市教育局。学校实行校长负责制。学校党委发挥政治核心和监督保证作用，教职工参与学校民主管理和监督工作。

第六条　校长是学校的法定代表人，承担管理学校的责任，全面负责学校的教育教学和行政工作。校长通过校长办公会行使下列权力：

（一）重大事务决策权。坚持民主集中制原则，在认真听取各方面意见的基础上，校长对学校的重大行政事务有最后的决定权。

（二）人事决定权。有权决定对职工的聘用与奖惩。

（三）财务管理权。依法管理学校财产和经费。

（四）按市教育主管部门有关招生规定，经有关部门审核批准，确定学校的办学规模和招生人数，领导学校的招生和收费工作。

（五）学校章程规定的其他职权。

第七条　校长应履行下列义务：

（一）全面贯彻党和国家的教育方针及有关政策法规，以师生为本，不断提高办学水平。

_____

① 案例摘自 M 学校内部文件。

（二）坚持民主集中制，充分发挥领导班子的集体智慧和力量，接受教职工代表大会的监督。

（三）加强师资队伍的建设和管理，调动教职工工作的主动性、创造性。

（四）坚持全员育人，培养学生全面素质，发展学生个性特长，激发学生创新潜能。

（五）强化学校管理，建立和健全各项规章制度，保证教育教学计划和大纲的实施，建设优良的校风、教风、学风。

（六）改善办学条件，逐步实现教育、教学、管理设施设备现代化。

（七）强化法制教育，重视计划生育，做好文明共建等项工作，切实加强学校安全工作，抓好综合治理。

（八）学校章程规定的其他义务。

···········

第十二条　学校依据《M中学会议议事规则》，建立党委会议事制度、校长办公会议事制度、行政会议事制度、教代会议事制度等。其中，党委会由党委书记主持，成员为党委委员，根据需要也可邀请支部书记或党员代表列席，讨论党委工作、干部工作等；校长办公会由校长主持，成员为校级领导班子成员，会议对学校重大问题、重要事项做出决策；行政会对党委会、校长办公会做出的决定贯彻执行，行政会由校长主持，成员为中层以上行政部门负责人和年级部主任，根据需要也可邀请其他相关人员出席会议。

从学校章程可以看出，学校正式决策的组织形式是校长办公会。从校长办公会的议事规则可以进一步看出决策是怎样做出的。

案例 2-4：M 学校校长办公会议事规则(节选)[①]

一、会议的召开

1. 原则上每两周召开一次会议，必要时可临时召开。

2. 会议由校长主持，校长因事不能主持会议，可委托副校长主持。

3. 会议的议题一般由校长拟定。为便于会议顺利进行，有些议题应于会前通报与会人员酝酿。决策过程中，与会人员要充分发表意见，杜绝会上不说会后说的作风。会议的决定应由校长集合大多数人的意见做出。

4. 校长办公会的出席人员：书记、校长、副书记、副校长、校长助理、工会负责人。

二、议事的范围

1. 学校的学年度(学期)工作计划和总结。

2. 学校的发展方向、长远规划、人事工作、校舍、经费、设备管理、教育教学管理、安全保卫、教职员工管理、中层干部管理、收入分配等。

3. 学校重大活动的安排。

4. 学校规章制度。

---

① 案例摘自 M 学校内部文件。

5. 其他上级规定应由校长办公会研究决定的问题。

三、决议的落实

1. 校长办公会决定的事情，要明确分工和落实。未经校长批准，不得擅自更改。

2. 校长办公室应做好办公会决议贯彻执行情况的督查工作，发现问题及时向校长报告。

四、会议的保密

校长办公会决议暂不宜公开的事项，与会人员应予保密。如有违反，一经查出，应追究有关人员责任。

五、会议的记录

校长办公会讨论和决议的内容，应由校长办公室记录，记录要准确体现决策和发言人的意志，按时归档。必要时，应按校长要求发布办公会纪要。

从学校章程可以看出，该校实行的是校长负责制，学校的重要决策由校长办公会做出。从校长办公会议事规则看出，决策性的会议"议题一般由校长拟定"，或者由其他校级领导提出议题，经校长审定后确定为会议正式议题，经过事前酝酿，然后提交会议讨论，由会议集体决策，当会议达不成一致意见时，由校长最后决定，"会议的决定应由校长集合大多数人的意见做出"。校长办公会的成员是书记、校长、副书记、副校长、校长助理、工会负责人，基本上是由校级领导班子组成。从学校章程和校长办公会议事规则可以看出，M 学校的决策体现出封闭性特点，决策权集中在少数人手上；决策信息在较小范围内流动，然而，掌握信息最充分的基层一线教师和学生，则无法参与决策，甚至年级主任和学科主任都进入不了决策圈；制衡机制明显不完善。

问卷调查显示(见表2-4)，最终决定学校决策方案的是"主要领导的权威性意见"，占56.0%，高于"一般与会人员的共识"(44.0%)。

表2-4　最终决定学校决策方案的是谁

最终决定学校决策方案的因素	人数/人	百分比/%
主要领导的权威性意见	28	56.0
一般与会人员的共识	22	44.0
合计	50	100

也就是说，当主要领导的意见与一般与会人员的共识相左的时候，最终大多是以主要领导的权威性意见为最后的决策意见。学校决策的行政化，其优点是成本低、权威性高、执行迅速；其缺点是个人主义决策倾向忽视下级的积极性，影响决策民主性与合法性、合理性与科学性。

学校决策访谈中听到有这样的说法："在学校里，大会决定小事，小会决定大事，最重要的事也许不开会。"[①]这样的说法未免极端，但也折射出教师们对学校决策民主性的期待。

问卷调查显示(见表2-5)，"认同"和"部分认同"上述说法的占53.4%，高于"不认同"的比例(46.6%)。

_____

①　对D校长的访谈，访谈时间：2014-06-13。

表 2-5　你是否认同这样的说法

在你的决策实践中，你是否认同存在这样的情况：大会决定小事，小会决定大事，最重要的事不开会	人数/人	百分比/%
认同	36	12.2
部分认同	121	41.2
不认同	137	46.6
合计	294	100

　　调查结果反映的是学校决策中民主机制与制衡的缺失。学校决策的机制对于决策价值取向的影响很大。第一，组织机制与组织的规章制度对学校决策起重要作用。它决定了决策者注意力的分配；决定了什么人参加决策，涉及不同利益主体及利益分配；决定了什么信息可能进入决策过程。第二，对信息的使用、加工与解释起重要作用。决策是一个信息解释的过程，不同的角色对信息的处理与使用结果各不相同，不同的信息加工、解释的过程会得出不同的结果。[①]学校教育是诸多利益主体相关的公共事业，应该听取不同利益相关者的声音，整合不同利益主体的价值诉求，才能获取更为坚实的合法性基础，获得更为广泛的支持。

　　第三个问题是学校决策主体的单一性。从学校决策主体来看，属于少数人的决策呈现单一性特点。师生的权利则处于边缘化位置，师生成了沉默的大多数。关系到师生利益的事，师生却常常集体缺席与失语，往往由利益无关者决定利益相关者

---

① 　参见周雪光：《组织社会学十讲》，295 页，北京，社会科学文献出版社，2003。

的事务。

从问卷调查中可以看出（见表 2-6），有 78％的中层干部、40％的教师、2％的学生"经常参与"学校决策，而家长和社区参与学校决策的比例非常低，在有些学校几乎为零。

表 2-6　学校决策中的参与情况调查/人

学校决策实践中的参与情况	经常	很少	一般	基本不参与
教师参与决策	20	7	21	2
学生参与决策	1	17	12	20
家长参与决策	0	18	22	10
社区参与决策	0	9	4	37
中层干部参与决策	39	4	7	0
校级干部参与决策	50	0	0	0

学校如果真正以学生为中心，以师生为本，首先必须落实师生参与决策的权利。特别是学生参与学校决策的问题，需要重视、不断探索和完善，正如李希贵校长所说，"如何明确学生在校园里的地位，落实学生中心，尚取决于其他治理主体的'恩赐'"。缺失的另外一个主体是家长，"尽管目前家长委员会在大部分学校已经建立，校园里也经常活跃着家长的影子，但是真正让他们成为学校治理主体的一方，仍然有很长的道路"[①]。

第四个问题是学校决策内容的非专业性。从决策的内容看，呈现出学校决策事项行政化的特点。笔者研究了 M 学校三年（2011—2013 年）的决策文本，对校长办公会的决策事项

① 李希贵：《权力的来源、分配与制约——对学校内部治理现代化的深思》，载《人民教育》，2014(24)。

进行的统计如下(见表 2-7、表 2-8)。

表 2-7 M 学校 2011—2013 年校长办公会决策事项统计之一①

校长办公会决策事项	次数/次	比例/%
德育	8	5.0
教学	11	6.9
后勤	8	5.0
经费	24	15.1
人事	26	16.4
表彰与处分	26	16.4
党务工会	9	5.7
外事	4	2.5
重大行政事项	16	10.0
重要制度审订	19	11.9
重要工作安排	8	5.0
合计	159	99.9

表 2-8 M 学校 2011—2013 年校长办公会决策事项统计之二②

校长办公会决策事项	次数/次	比例/%
教师事务	78	81.3
学生事务	18	18.7
合计	96	100

从统计数据可以看出,学校决策涉及教育教学的专业事项合计只占 11.9%,大部分决策是行政性事务,呈现出一般性行政事务决策较多、教育教学专业性事务决策较少的倾向。从涉及教师事务和学生事务的维度来分析,学校决策中 81.3%的议

---

① 数据来源于 M 学校的内部资料。
② 同上。

题与教师事务直接相关，只有 18.7% 的议题与学生事务直接相关，呈现出涉及教师事务的决策较多、涉及学生事务的决策较少的倾向。

总体上看，学校决策的行政取向有几个表征：学校决策的价值指向，本该是向下指向师生，而实际呈现的是向上的指向，决策的依据与理由更多的是上级指示；学校决策的价值核心，本该是师生本位，实际呈现的是行政本位和权力本位；学校决策的价值追求，本该呈现更多的教育性，实际呈现的更多是行政性。学校决策的行政化，导致学校管理的异化，使得学校管理离学生越来越远，离教育越来越远。

第二节　学校决策的功利取向分析①

利益是价值的核心，价值关系的本质是利益关系。追求利益是人类各种社会行为的目标之一。利益是一张无形的手，牵引着决策的指向，利益取向是学校决策价值取向的应有一极。在学校决策中，有长远利益与短期利益、全局利益与局部利益、物质利益与非物质利益、正当利益与不当利益之分。学校决策实践中的利益取向，在时间向度和空间向度上呈现出功利性的特点。

---

① "功利"一词，中文语义有三种解释：一是指功效利益，二是指功名利禄，三是指眼前的物质利益。中文"功利"多取第三种语义，用于贬义。中文"功利"的语义与伦理学中的"功利主义"所指不同，"功利主义"的"功利"是中性词。本文中的"功利取向"系指眼前的、短期的、局部的、物质的利益取向。

一、时间向度：长远利益与短期利益的价值选择

学校决策实践中存在长远利益与短期利益的冲突与选择，短期利益指向现实和当下，长远利益指向理想与长远。比如素质教育与应试教育、升学率提升与学生综合素质培养、学校长远发展与短期政绩、学校文化的显性建设与隐性建设、学校教育的改革与维持、创新与坚守等，体现着学校决策者在利益取向的时间向度上，存在着现实主义与理想主义追求的分野，进而体现出决策者在利益冲突与选择上的功利取向。

从问卷调查来看（见表 2-9），认为自己在学校决策中选择长远利益的中小学校长占 71.8%，但仍然有近三分之一的校长，在长远利益与当前利益二者不能兼顾的情况下选择眼前利益。[①]

表 2-9　学校决策中的长远利益与眼前利益

学校决策中二者不能兼顾时，主要考虑的利益	人数/人	百分比/%
长远利益	211	71.8
眼前利益	83	28.2
合计	294	100

比如中小学存在的应试教育与素质教育之争，现实情况往往是素质教育轰轰烈烈，应试教育扎扎实实，反映了学校对教育理想与教育现实、长远利益与眼前利益的价值选择。"没有

[①]　其实在学校管理实践中，观察所得的结论是，学校决策者注重眼前利益的比例远高于问卷调查结果，其中原因值得进一步探究。

升学率，过不了今天；只有升学率，过不了明天。"①中小学校长戏称之为"戴着镣铐跳舞"。做得比较好的学校是兼顾二者，在追求升学质量的同时，不忘记教育的理想与育人的目标追求。一般的学校是以升学率为主，素质教育只是个标签与符号。极端的学校是以高考升学率为唯一价值追求，将学校办成高考加工厂，为了学生明天的幸福，牺牲今天的快乐，结果往往不仅牺牲了学生的今天，也牺牲了学生的未来。

有人认为中国最大的高考加工厂，北有衡水中学，南有毛坦厂中学。媒体称其把学生做题的潜力挖掘到极致，不断地重复，用各种方式重复，目的就是应对高考。安徽毛坦厂中学被称为"亚洲最大高考机器、通往天堂的地狱"，虽然有些言重，并且其背后的原因也相当复杂，却也揭示了中国基础教育的某些实情。考什么，教什么，学校异化成高考培训机构，只有教学没有教育，只有升学率没有育人。这样的学校离真正的教育很远，离工厂很近。衡水中学现象与毛坦厂中学现象，虽是比较典型的个案，却折射着中国教育功利化的价值取向，也是学校决策者在长远与现实利益中的考量与选择。这样的教育离真正的教育已然很远。从表面来看，这种着眼学生当下利益的选择似乎无可厚非，所谓没有今天，哪有明天，似乎只是决策价值取向在时间轴上的不同分布，有人着眼于长远与未来，有人着眼于当下与眼前。但从本质上看，这是现实主义与理想主

---

① 对 H 校长的访谈，访谈时间：2014-04-03。

义、深谋远虑与功利主义的不同价值选择。

现实的教育生态总体上是指向现实主义。理想很丰满，现实很骨感，人们总是倾向于说的是理想主义，做的是现实主义。这也是一种悖论，即人们知道应该如何，但并不总是按照"应该"之路行走。这是"应当的软弱"。当然这里面有社会外在的压力与过去的惯性，也有学校决策者自身的价值判断与选择。学校决策者往往受到短期政绩观的诱惑，或者受到社会功利压力的影响，偏向于选择现实主义的路径，往往着眼于当下，关注于表面，满足于形式，缺乏长远的教育理想与教育信念的指引，缺乏功成不必在我的胸怀与境界。

在访谈研究中，发现这样的现象：刚走上校长岗位不久的受访者，在决策中往往有更多的教育理想与教育情怀，而在校长岗位的时间长了，则有更多的现实主义倾向。另一个现象是，在学校决策中有较多教育理想与情怀的校长，往往在同一所学校工作的时间会较长。功利性强的校长往往在一个学校任职的时间会较短。可能的原因是，急功近利型的校长总是不太愿意在一个学校经营很久，或是总是能在短时期内做出"政绩"，然后被提拔或者调任到其他岗位。而具有教育情怀和教育理想的校长，更愿意静下心来在同一所学校仔细经营，并且也只有这样的校长才能得到更广泛持久的认可和拥戴，一些德高望重的老校长往往在同一所学校工作十几年乃至几十年，并且始终保持着一种教育信念和情怀。一位即将退休、担任了20多年小学校长的受访者如是说：

"一个校长要执守自己的教育情怀与信念。社会与教育的功利很容易让校长动摇，什么原因？不能怪我们的校长，我们生活在社会之中，我们是公办学校的校长，我们要受到社会和政府的功利性评价和标准的影响。在某一瞬间你甚至是孤立的，他们是一个群体，是一个浩浩荡荡的、势不可挡的队伍，而你是孤立的。我也可以迎合潮流改变，但是我想的是怎样坚守灵魂，无论社会怎样，不能降低自己灵魂飞翔的高度。这是我本人和我带领的团队的信念。"(访谈 2-8)[1]

二、空间向度：全局利益与局部利益的价值选择

利益冲突在空间向度上的表现，是全局利益与局部利益的冲突；集体利益与个人利益的冲突是其另一种形式的表现。学校决策实践在二者的取舍中，往往遵从本位主义的价值选择。

问卷调查显示(见表 2-10)，在学校决策中，当学校利益与公共利益相冲突不能兼顾时，59.2%的被调查者选择以学校利益为重，40.8%的被调查者选择以公共利益为主。

表 2-10   学校决策中公共利益与学校利益的选择

学校决策中二者不能兼顾时主要考虑的因素	人数/人	百分比/%
学校利益	174	59.2
公共利益	120	40.8
合计	294	100.0

显然，更多的校长选择基于本位的学校利益。学校的本位

---

[1]   对 Y 校长的访谈，访谈时间：2014-05-06。

主义价值取向，体现在生源、师资、项目、设备和经费等办学资源的争夺中。每一个学校追求自身利益的最大化，是决策理性的行为。但由于这种理性忽视了全局利益，最终损害全局利益并反过来影响自身利益的获得，从这个意义说，这种决策行为又是集体非理性的。个体的理性与集体的非理性在这里相遇。从理性出发，却走向非理性的结局，这是理性的悖论。这也是过度关注局部利益的功利性取向的必然结果。

由表 2-11 可知，在学校利益与个人利益相冲突时，绝大多数被调查者(97.3%)选择学校利益。

表 2-11　学校决策中学校利益与个人利益的选择

学校决策中二者不能兼顾时主要考虑的因素	人数/人	比例/%
学校利益	286	97.3
个人利益	8	2.7
合计	294	100

其中原因可以从进一步的访谈中得到解释。

"学校利益、个人利益、公众利益相冲突的时候，我觉得还是选择学校利益至上，为什么呢？有一个很典型的例子，素质教育就是公众利益，是国家长远的大局利益，应试教育是非公众利益，我们口头上喊公众利益，但实际做的时候还是要考虑升学，这必须要考虑。升学就涉及学校利益，也涉及校长个人利益，从某种意义上说，升学是与学校利益和校长个人利益捆绑在一块的，但从长远看，应该考虑到素质教育，多搞一些拓展学生素质方面的活动，但是现在很难做到。

"个人利益是和学校利益连在一起的。比如素质教育是公众利益，升学率关系学生前途和学校声誉，也关系到校长的名利，一般还是要谈升学率，即便教育局领导，表面上谈素质教育，实际上也关心升学质量。"(访谈 2-9)[①]

"个人利益、学校利益、公共利益三者要兼顾，是不矛盾的。从大处看，学校做好了，也是校长的功劳。短期利益与长期利益而言，选择短期利益，因为校长不可能在一个学校一辈子。"(访谈 2-10)[②]

访谈中可以看出，在校长们看来，公众利益、学校利益和个人利益之间，学校利益是最主要的。学校利益是校长或学校关注的名利之所在。因此，在学校决策中，大多以学校利益为重。而本质上，校长个人名利往往系之于学校利益而非公共利益。

总之，学校决策在空间向度上的功利性，表现为公共利益、学校利益和个人利益相冲突时，一般选择学校利益的价值取向。一方面，在学校利益与公共利益之间选择学校利益，因为学校利益是具体的，而公共利益是抽象的，学校利益不仅与学校生存和发展密切相关，也与学校领导等决策者的名利密切相关，其功利性的追求不仅是学校的组织理性，也是决策者的个人理性；另一方面，在学校利益与个人利益之间往往选择学

[①] 对 X 校长的访谈，访谈时间：2014-06-19。
[②] 对 D 校长的访谈，访谈时间：2014-06-13。

校利益，而忽视对师生个人利益的关怀，学生或教师的个人利益消失在集体利益之中。这样的做法恰恰忘记了集体是由个体组成的，忘记了学校集体利益是以师生的利益为前提的。

第三节　学校决策的关系取向分析①

学校决策中不可避免地会遇到人情和关系的困扰。人情是隐伏的难题，在学校决策中，是最为隐秘的影响因素，往往通过变通的方式委婉地表达以实现目的。

如表 2-12 所示，90.1％的受调查的校长表示，在处理人情与关系的时候，是"按原则办，兼顾人情"；"按原则办，不考虑人情关系"（7.5％）或者"尽量照顾人情关系"（2.4％）的都是少数。

表 2-12　学校决策中人情关系的处理方式

在学校决策中处理人情关系问题的时候通常采取的方式	人数/人	百分比/％
按原则办，不考虑人情关系	22	7.5
按原则办，兼顾人情	265	90.1
尽量照顾人情关系	7	2.4
合计	294	100

从上述调查来看，人情关系对于学校决策的影响虽不是绝

---

①　"关系"原指事物间相互联系、相互作用的状态。在社会学中，"关系"是中国社会中特有的一种人际互动形式，是费孝通差序格局理论中的重要概念。本文"关系取向"采用社会学的含义，主要指人情关系，但也包含组织间关系的维护。

对的，却也是较为普遍的，绝大多数的决策者在决策中，会考虑兼顾人情和关系。人情、关系是一个复杂的社会学概念，也是具有中国社会特色的本土概念。在学校决策中，人情关系大致有三种存在方式：一是情感型人情关系，二是功利型人情关系，三是权力型人情关系。这三种存在方式分别在不同程度上影响着学校决策的价值取向。情感型人情关系基于人的自然情感，是决策中人文性、情感性的体现，对学校决策的"合情性"追求具有积极的意义；功利型人情关系基于个人利益或组织利益，是决策中理性算计的结果，是人情功利化的体现，对决策的"合理性"追求有负面影响；权力型人情关系基于上级权力部门个人或组织的权势，是决策中的无奈选择，对学校决策的"合法性"追求有负面的影响。

一、理性的补充：基于情理的关系取向

情感型人情关系主要是基于人的自然情感和面子。人是理性动物，也是感情动物，在学校决策中，决策者不可避免地受到情感和情绪的影响。马克斯·韦伯（Max Weber）将人的社会行为分为四种理性：价值理性、工具理性、传统理性和情感理性。在他看来，情感理性行动"是由活动者的特殊情绪和感情状态所决定的行动"，人的纯粹情绪性行动在某些状态下也可以升华，超越情绪的界限，指向有意义的行动，当这种情形出现时，"它是通向理性化的道路"。① 但是如果"认为情感行动就

---

① ［德］马克斯·韦伯：《社会科学方法论》，杨富斌译，60 页，北京，华夏出版社，1999。

意味着心理上的非理性，那恰恰同把传统主义与习惯等同起来一样是不合理的。其中完全可能有心理的成分，但心理的成分肯定不是问题的全部"[①]。他将情感情绪看作理性的一部分加以论述，站在更广义的角度，将理性与情感从对立升华到统一的层级。在这个意义上，情感与理性发生了联系，甚至走上了同一条道路。

学校决策在很多时候甚至在全部时候都是情感与理性的权衡，没有绝对的理性决策，也没有绝对的情绪决策。二者总是交融在一起，共同支配着决策者的行为。理性与情感也并不是水火不容，情感在某些时候往往起着指向、修正、调和、补充的作用。情感与理性的结合，产生新的概念——情理。学校决策中存在着大量基于情理的关系取向，比如，在教师评聘职称、岗位晋升、暑期疗养安排等方面，充分考虑教师的年龄因素，在同等条件下，年龄大的教师优先，这符合中国人尊老的人伦传统，也符合一般社会情理。

案例 2-5：岗位晋升[②]

根据上级要求，学校制定教师岗位晋升办法，报教育局备案。现行的中小学教师工资体系由三部分组成：岗位工资、薪级工资、绩效工资。其中岗位工资与相应的岗位级别相对应，比如高级教师分为五级、六级、七级，由下一级晋升上一级，

---

① ［美］塔尔科特·帕森斯：《社会行动的结构》，张明德、夏遇南、彭刚译，726 页，南京，译林出版社，2012。

② 案例根据 M 学校实例编写。

需要学校制定相应办法。

学校经过办公会讨论、教代会审议表决，通过了简便易行的岗位晋升办法。申报者必须获得校级以上综合奖励两项，方有资格入围岗位晋升候选。三年内即将退休的教师不需要前提条件，可直接入围第一轮。第一个维度是任职资历，按照现任岗位聘任的时间为标准，按时间排序，时间长的优先；第二个维度是年龄，如果岗位聘任的时间相同，则按照年龄排序，年龄长的优先；第三个维度是业绩，如果年龄相同，则按业绩排序，以现任岗位上获得的校级以上综合表彰、市级以上各类表彰进行排序，业绩多、荣誉级别高的优先。

案例 2-5 关于岗位晋级的办法简便易行，容易操作，注重年龄、任职资历、业绩的综合评价，充分考虑到资历和年龄的因素，并将资历和年龄放在较为优先的位置予以考虑，特别是对于即将退休的教师，设置的门槛较低，对于老教师是一种差异对待，也是对他们长期以来工作的肯定。这种安排体现了学校对老教师的人文关怀，符合学校的实际情况，属于人之常情，合情合理，得到了绝大多数教师的肯定和支持。

案例 2-6：学校教职工岗位聘任实施办法[①]

第三章　聘任办法

第 3 条　各年级部在教师聘任中，正高级教师、特级教师、市学科带头人的聘任数需占此类人员总数的 30%～35%，

---

① 案例资料来源于 M 学校内部文件。引用时有改动。

工作时间在 2 年内的青年教师、50 周岁以上的女教师、55 周岁以上的男教师的聘任占此类人员总数的 30%～35%，高三年级部可酌情放宽。

案例 2-6 关于教师聘任办法，规定在聘任教师时，对于退休前五年的教师和刚刚工作不满三年的年轻教师，三个年级部至少要聘用此类人员总数的 30% 以上。这对于刚入职的年轻教师和即将退休的老教师，是一种保护性措施，符合情理。人情与理性相互融通，既体现决策的合理性，也符合决策的合情性。合乎情理的决策体现着决策的人文关怀，也容易为人所接受。

研究中发现，执行政策的人往往比制定政策的人的内心的伦理冲突更为强烈。因为执行者与当事人近距离接触，更容易移情与体验，更能感同身受。制定政策的人更多考虑合法性，执行政策的人更多考虑合情性；与当事人距离远的人更注重合法性，与当事人距离更近的人则更注重合情性。

"比如禁止教师有偿家教问题，虽然教育行政部门有很多规章制度，但真正因此而处理教师，作为学校领导，很难下手，这是很现实的问题。我们处理教师，和上级行政部门考虑的问题不一样。因为我们和教师同吃、同住、同生活，我们作为校长，相当于部队里的小班长，与教师们抬头不见低头见，很难下手去处理教师，从情、理、法来讲，'情'更重要一

点。"①（访谈 2-11）

这也提示我们，制定政策要更科学，更加合法、合理、合情，特别是针对未成年人的政策，应该更具人文性和关怀性。同时也应该在一定范围内赋予执行者一定的自主裁量权，让决策者拥有在"情"与"理"之间回旋的空间，适度消解内心的情、理冲突。

二、功利的考量：趋于利益的关系取向

功利型人情关系是基于利益的人情关系。在中国现实社会中，某种情况下，人情是一种可以兑现的社会资源，可以以物质的形式交换利益，也可以作为延迟兑现的人情投资，以换取未来的延时兑现。这种与人情相关联的利益，可能是个人利益，也可能是组织利益。

第一种是基于个人利益的关系取向。决策者为了个人私利，或者受人之托，并有可能获得物质利益的回报，在决策中，不违反原则的情况下，通过变通的方式，照顾人情和关系。当然，如果违反法律、法规就是另外一个层面的事了。即使不违法、违规，一般来说，学校决策中任何追求个人利益的行为都属不正当的行政行为。

第二种是基于组织利益的关系取向。学校帮助解决一些人情和关系，可以借此获取办学资源与便利。比如学校招收借读生，可以借此收取借读费，有的学校每年的借读费达上百万之

_____

① 对×校长的访谈，访谈时间：2014-06-19。

巨，既解决了人情关系，也获得了实在的物质利益。比如学校与一些单位进行共建，学校在招生时给予倾斜和照顾，这些单位则给予学校一定的办学支持等。

学校不是生活在真空中，也有自己的组织利益诉求。当利益与人情关系相结合，学校决策的天平开始倾斜。学校决策变通的渠道为利益而开启，学校的一些规则为利益而修正。人情本来是人际关系的一种表达载体，当人情关系物质化、功利化，人情关系也就披着功利的外衣，破坏了学校决策程序的公正性和结果的正当性。当人情关系进入学校决策领域，也意味着决策者的个人角色、社会角色与职业角色相混淆，甚至部分消解了决策者的职业角色内涵，就有可能出现有悖于行政伦理和职业操守的现象。

三、权力的勾连：慑于权势的关系取向

权力型人情关系是基于权力干预的人情与关系。在现实生活中，人情和关系往往与权力相勾连。人情的背后不仅有面子的问题，也有权力的影子。在学校决策实践中，大半的人情与关系的压力来自上级组织、部门及个人。与人情、关系、面子相配套的权力的力量是无法估量的，它并不被限定在特定的地位或职务范围内，而是弥漫在社会生活的各个方面。没有权力的人可以通过有权力的部门或个人关系，渗透进来。上级部门和个人的条子或招呼，虽然不是组织行为，但似乎也不纯粹是个人行为，或两者兼而有之。总是隐约可见权力的魅影。权力

本位与人情关系相结合，使得学校决策者面临人情关系与行政权力的双重压力。

"有的事情肯定不办，比如说招生，就现在这种阳光招生的大环境下，依然有一些官员，还想要通过一些权力和人脉关系，去办一些本不应该办的事情，想把一个孩子送到某一所学校。但这种违规的事情肯定是办不成。像这种事情，那要婉言谢绝，有时候难免要得罪一些人，尽管他知道是有这样的规定，但是心里不高兴。

"有的通过变通去办，比如说借读问题，同城不许借读，但也没有遏制住，有些学校还是照常在做，实际上教育局领导何尝不知道呢？

"所以有的时候事情还是要办，也会违规违心地办一些事情，只要不是真的违反原则，只要不犯大错误，只要不会造成社会恶劣影响，有些关系还是得考虑考虑。有时候无意中得罪了一个人，将来对你这个学校的发展是有影响的，这种事情我们都碰到过，适当的时候，能够迂回一点就迂回一点呗，怎么办呢？

"当然，有时候那个法规就是有问题的，跟'情'和'理'差得太远。我希望办学越来越规范，这样给校长也减轻些压力。"（访谈 2-12）①

人情与关系的困扰，考验着学校决策者的实践智慧与伦理

---

① 对 S 校长的访谈，访谈时间：2014-05-23。

水平。在人情社会，人们将人情、关系与面子结合起来，甚至进而与权力和利益结合起来，那么，能否正确处理好这样的人情关系，是一个敏感而又重要的课题。上级组织经常会使用"请酌情处理"的答复，这个"情"含义多元，可以是感情、人情、情理、情况、情境等，如何"酌情"，颇费心思，真的是"怎一个情字了得"。

"学校决策的失败往往不是因为没有处理好'理'的问题，而是因为没有处理好'情'的问题。"[①]（访谈 2-13）

在学校管理实践中，学校决策者经常面临这样的内心纠结，一方面要坚持原则，另一方面又要求得到别人的理解。

"关系也是资源，学校不是在真空中。但是作为名校，要注意规范办学，该得罪人也没办法，校长要带头得罪人，有时候也为此而惆怅半天，好像是自己做错了什么。更重要的是解释，大多数人是通情达理的，比如关于招生、分班等事，外人觉得是小事，其实对于教育来讲，涉及教育公平，是大事，要得到别人的理解很难。"[②]（访谈 2-14）

"决策的压力是来自公平与人情关系之间的冲突。人不能太有原则，要变通，否则得罪人。但是变通后又如何向老百姓解释？内心总是很纠结。"[③]（访谈 2-15）

这是决策者的主观困境，如果不顾人情和关系，容易得罪

---

① 对 W 校长的访谈，访谈时间：2013-10-09。
② 对 Y 校长的访谈，访谈时间：2014-05-06。
③ 对 L 校长的访谈，访谈时间：2014-06-14。

人，还要向人家解释半天，左一个对不起，右一个对不住，好像是自己做错了什么。如果照顾人情关系，内心又纠结不安，左右为难。林语堂曾说："对西方人来说，一个观点只要逻辑上讲通了，往往就能认可。对中国人来说，一个观点在逻辑上正确还不够，它同时必须合乎人情。实际上，合乎人情，即'近情'比合乎逻辑更受重视。"[1]"这样的社会对做人、做事及其判断不是单从理性的、逻辑的思维和条文制度规定的角度来考虑的，而是从具体的、情境的和个别性上来考虑问题。"[2]为人做事要合情合理，入情入理，通情达理，情理交融。人情具有两面性，人情作为群体、组织或社会网络中的联结方式，具有正功能与反功能。正功能指人情是社会交往中的润滑剂，人们重视人际关系和道德情感，并且能在人情关系中获得情感的满足。反功能是指人情的世俗化、功利化、庸俗化、极端化和泛化。[3]

总的来看，学校决策中的人情关系的压力与困扰是普遍存在的，但学校决策者大多能遵守底线，在不违背核心原则的基础上，变通处理。或者说，人情关系对学校决策的困扰虽大，但对于学校决策的实际影响有限，学校决策者一般都能正确处理。但是，如果人情关系与利益和权力交织在一起，事情的性质就发生了变化，人情关系的外衣下面，包裹着权力和利益的

① 翟学伟：《人情、面子与权力的再生产》，103 页，北京，北京大学出版社，2013。
② 同上书，200 页。
③ 翟学伟：《中国人的脸面观——形式主义的心理动因与社会表征》，333 页，北京，北京大学出版社，2011。

内核，处理起来颇为复杂。一旦人情与利益、权力相勾连，学校决策的天平就难免倾斜了。

在学校决策图景中，隐约可见权力的干扰、功利的计算、人情的泛化……外在的压力和内在的冲突导致学校决策的价值偏向。当上级行政之手越过应有的边界，当权力、利益和人情关系三者勾连在一起，就给学校决策者带来不可承受之重，对学校决策的价值牵引的力量不可小觑。一旦发生行政对教育的僭越、功利对价值的消解、人情关系对正当性的侵蚀，学校决策的价值指向就会发生偏离。这将是现实的无奈和价值理性的式微。

我们相信，在学校决策实践中，大多数的价值取向是正向的，但也存在这三种主要的负面价值取向，或者可以称之为价值偏向：权力本位的行政取向、利益本位的功利取向、人情本位的关系取向。当然这三种价值取向在决策实践中并不是截然分开的，而是相互缠绕在一起的。相对而言，人情本位的关系取向比较隐蔽；权力本位的行政取向比较明显；利益本位的功利取向则更为基本，更为内在，某种意义上，可以看作行政取向和关系取向的本因。

第三章
学校决策价值取向的逻辑

一切科学对于人性总是或多或少地有些联系，任何学科不论似乎与人性离得多远，它们总是会通过这样或那样的途径回到人性。

——［英］休谟

理论谬误在于把对实践的理论看法当作与实践的实践关系，更确切地说，是把人们为解释实践而构建的模型当作实践的根由。

——［法］皮埃尔·布迪厄

学校决策的价值取向既是隐匿的心理倾向，又是显性的行为指向；既是观念形态，又具实践品质；既是决策者的个人偏好，又是集体的组织理性；既是主观与客观的结合，也是理性与情感的统一；既是行动的导向和牵引，也是行动的定向和驱动。

在这复杂的情形背后，隐藏着特定的理论逻辑和实践逻辑。从理论逻辑来分析，学校决策的价值取向一般是由决策主体的价值偏好、学校的组织理性和社会主流的价值观念共同作用的结果，并以组织理性的方式表达出来。学校是有生命的理性组织，通过组织结构、制度和文化发挥组织的理性功能。如上一章所述，学校组织具有"行政人""经济人""社会人"的角色特征，也由此产生学校决策的这三种主要价值取向，即行政取向、功利取向和关系取向。

从实践逻辑来分析，在学校决策三种价值取向的背后，有其现实的缘由和内在机制；合法性机制、效率机制和人情法则，分别构成学校决策行政取向、功利取向和关系取向的实践逻辑。

第一节 学校决策价值取向的理论逻辑

探讨学校决策价值取向的理论逻辑，主要从三个方面来分析。第一个方面是从学校决策主体的"行为者假设"的角度来分析，不同的行为角色假设，规定着其不同的价值取向。人性假设是决策价值取向的逻辑起点。第二个方面是从学校组织理性的角度来分析，根据韦伯的分类，可以将学校决策行为分解为价值理性、工具理性、情感理性和传统理性。学校组织的四种理性又与学校决策行为的人性假设的分析相互照应。第三个方面是从学校决策价值取向的形成机制的角度来分析，进一步解释学校组织理性在学校决策价值取向中的主导作用。

一、学校决策行为的人性假设

一切关于人的学问，都应回归到人性的起点；一切关于人的理论，都是基于对人性的不同假设。政治学、经济学、管理学、心理学、教育学、文学甚至哲学，都将人性的本质作为理论基点。对于管理和决策而言，亦是如此。管理学的全部理论，都是建立在不同的人性假设的基础之上。管理学者孔茨（Harold Koontz）认为，一个管理者的人性观如何，将会影响着激励和领导的方法。一个人的管理观取决于他的人性观。管理的核心是决策，决策是人的决策，研究学校决策的价值取向，应以人性假设为逻辑起点。

关于人性假设的理论，比较早的是经济人假设。这是英国早期经济学派提出的理念，并且构成古典经济学、完全理性决策理论、功利主义的理论基础和逻辑起点。经济人假设认为人性是自私而逐利的，人总是理性地追逐利益最大化。以这种假设为逻辑起点的学校决策，其价值取向是功利主义的，追求决策的有效、效用和效率，讲究决策的科学性、方法和技术，追求即时利益与本位利益。经济人假设强调目的与后果，并以目的正当性来"证成"手段的正当性，是典型的后果论者。经济人假设还认为决策者是完全理性的，决策完全是理性人的理性判断与选择，这是完全理性决策理论的基础。功利主义至今仍具有强有力的影响，无论是对于政府、企业政策制定者还是普通人，因为它具有直觉上的吸引力。而且，边沁（Jeremy Bentham)认为，当一个人想要反抗功利原则时，他所引用的理由正来自这个原则本身，而他自己都意识不到这一点。可见功利的力量。现代西方市场经济社会的通行法则，也是功利主义指向的。中国社会的功利传统与现代市场经济的功利法则，共同形成中国现代社会的功利性取向，这自然也会影响教育决策和学校决策。学校决策的功利主义倾向，也正是功利社会的投影与烛照、结果与表征。经济人给学校决策带来的价值两难是：如何做出目的与手段、公平与效率、即时与长远、本位与全局的取舍并面对其道德后果？

政治人假设(或称行政人假设)，可以追溯到古希腊时期的亚里士多德(Aristotle)，他认为人本性上是一种政治动物。[①]文艺复兴时期的马基雅维利(Machievelli)以其著名的《君主论》，将政治人的概念推向一个极致。在他看来，衡量一个政治人的唯一标准，不是任何善良高尚的个人道德素质，而是符合政治利益的最终效果。个人内心的良知与外在的政治行为之间是不可调和的，政治与道德之间的对立紧张状态是不可调和的，政治人必须面对魔鬼，在自己内心承受道德良知的重负与折磨。霍布斯认为社会的自然状态就是"每个人对每个人的战争"(the war of all against all)[②]。中国古代的法家思想与之暗合，异曲同工。现代政治学家西摩·马丁·李普塞特(Seymour Martin

---

[①]　[美]西摩·马丁·李普塞特：《政治人——政治的社会基础》，张绍宗译，17页，上海，上海世纪出版集团，2011。

[②]　[英]霍布斯：《利维坦》，黎思复、黎廷弼译，95页，北京，商务印书馆，1985。

Lipset)在他的著作《政治人——政治的社会基础》中，从政治社会学的角度探讨了人的政治性和政治的社会性，他把现代社会中的人视为政治人，即"所有的人都是生活在政治生活中的，生活在政治关联中的。另一方面，所有参与政治的人又都是生活在社会之中的，与错综复杂、斑驳陆离的社会生活水乳交融，其政治态度、政治情感、政治信仰和政治选择均是社会条件总体作用的结果"①。组织理论学家马奇（James G. March）认为："任何组织实际上都是由不同的利益集团组合而成，因此，组织内部的决策过程是一个各种利益集团之间讨价还价、相互影响、相互妥协的过程。"②这个过程就是典型的政治过程。学校组织具有行政组织的主要特征，其行为具有典型的政治人倾向，讲究程序、权力、等级、控制和服从。站在政治人的视角，可以更好地理解学校决策过程中民主与集中、上级与下级、学校本位与权力本位等价值选择的理由与行动的逻辑。学校决策行政化的价值取向，是政治人假设在学校决策中的一个恰当注脚。

社会人假设可以追溯到马克思（Karl Marx）。马克思提出"人是社会关系的总和"这一论断，揭示了人的社会性本质。某种意义上说，他提出了社会人假说。"如果说较早的英国经济学家认为在金钱交易中存在经济的人，如果马基雅维利在政治

---

① ［美］西摩·马丁·李普塞特：《政治人——政治的社会基础》，张绍宗译，10 页，上海，上海世纪出版集团，2011。

② 周雪光：《组织社会学十讲》，167 页，北京，社会科学文献出版社，2003。

学范畴内建立了政治的人，那马克思则走得更远。"①在这里奥尔森没有明确指出马克思走得更远究竟是走向了哪里，我们似可以读出这样的潜台词：马克思在他的哲学里确立了"社会人"的范畴。也就是说，他提出了"社会人"的概念。社会性是人社会化的条件与结果，是人性的一个重要表征。在这里，人与人结成的社会关系是社会人的本质属性，每个人都是社会关系网络中的一个节点。群己关系、人际关系、个体不同身份和角色的内在关系，以及由此衍生的人情、关系等，是考察"社会人"的主要维度。中国人特别讲究关系、面子和人情，这是中国特有的本土概念。在学校决策中，人情与关系的压力，情、理、法之间的内在紧张，理想与现实的碰撞等社会性压力，是学校决策困境的来源之一，从"社会人"的视角来看待学校决策的价值取向，更加具有本土和现实意义。

　　心理人②假设的代表人物当推西格蒙德·弗洛伊德（Sigmund Freud）。在他看来，人的心理的基本动力是力比多（libido），这是支配个人命运、决定社会发展的力量；人格区分为本我、自我和超我。他从意识和潜意识的心理层面探讨人的行动方式，他的学说被西方哲学和人文学科各领域所吸收和运用。人本主义心理大师艾·弗罗姆（Erich Fromm）对弗洛伊德

---

　　①　[美]曼瑟尔·奥尔森：《集体行动的逻辑》，陈郁、郭宇峰、李崇新译，134 页，上海，格致出版社，上海三联书店，上海人民出版社，1995。
　　②　心理人假设这一概念虽然没有学者专门论及，但也可以作为人性假设的一个视角，探讨人的行为的心理动因。

的理论有进一步的评价："心理学与伦理学分立是晚近的现象。以往伟大的人本伦理思想家们都是哲学家兼心理学家；他们相信对人性的了解以及对其价值与生活规范的了解是相辅相成的。在另一方面，弗洛伊德和他的学派虽然因发现非理性的价值判断对伦理思想的进步做出非常宝贵的贡献，但关于价值问题却保持着相对论的主张，这种立场不但对伦理理论的发展，而且对心理学本身的发展均有不良的影响。"[①]"弗洛伊德的'心理的人'在立论上也和古典经济学的'经济的人'一样的不切实际。"[②]但是毫无疑问，心理人假设给了我们观察决策者的价值取向的另一视角，得以关注人的情绪、情感、直觉、灵感等非理性因素在决策中的作用，使我们更好地解释决策的非理性成分。

决策人假设是西蒙在他的管理理论中提出的观点。其理论要点是：组织中的决策者的理性是有限度的，决策者并不是完全理性的人，而是有限理性的人。决策者的动机各不相同，也不一定与组织的目标相一致。组织的作用就在于帮助个人克服理性限度，将个人目标与组织目标结合起来，做出组织容许的决策。因此，个人的决策并不总是自由和自主的，而是受组织引导的。决策就是在这样一种复杂状态中做出的判断和选择，因而决策并不是最优解，而是满意解。这一假设是对经济人假设的丰富和修正，也是对完全理性决策的修正。这一假设把理

---

① ［美］艾·弗洛姆：《自我的追寻》，孙石译，2页，上海，上海译文出版社，2013。
② 同上书，4页。

性与感情、事实与价值、组织目标与个人目标、被动性与自主
性、系统与环境统一起来，把经济利益、社会心理需要都看成
是影响人们决策的可变的前提，因而更注重整体性的研究。[①]
它为我们分析学校决策价值取向的形成机制提供了有效的解释
框架。学校决策价值取向是由决策者的价值偏好、学校的组织
理性、社会主流价值观共同作用的结果，起主导作用的是学校
的组织理性。

　　比较来看，经济人假设认为决策者的行为是完全理性的，
也是功利的。当然，这种功利有个人功利主义与社会功利主义
两种形式。政治人假设从本质上也是基于完全理性和功利的。
社会人假设认为人是社会关系的总和，人的行为不完全是自主
的，必定受到特定社会条件、社会关系的制约，因而决策是有
限理性的。心理人假设则从非理性的角度来认识决策行为。决
策人假设是有限理性的，也是权变的，是经济人假设和社会人
假设的综合。

　　其实人性是复杂的，不同的人性假设只是揭示了人的不同
侧面，综合起来可以更好地理解人的社会行为，以及由人组成
的学校组织的行为逻辑。前述的人性假设，是对学校决策者的
人性分析，也是对拟人化的学校组织的拟人性分析。学校组织
是有生命的理性组织，不同的人性假设，同时也赋予了学校组
织不同的行为角色，即经济人、政治人、社会人、心理人和决

---

① 张治忠、马纯红：《寻求效率逻辑与情感逻辑的动态平衡——建构现代企业文化
的人本视角》，载《广东商学院学报》，2005(2)。

策人的行为角色。这也为我们分析学校决策的价值取向提供了理论逻辑的起点。例如，经济人假设可以解释学校决策的功利取向，根据这一假设原理，逐利是个体和组织的本性，追求现实的、短期的、物质的、局部的乃至个体的利益，符合经济人的角色内涵。又如，政治人或行政人假设，可以解释学校决策的行政倾向，学校决策的过程其实是一个微观的政治过程，是各种权力角逐和利益博弈的过程，当行政之手握有重要的资源，学校的组织理性自然会发生偏向，甚至成为行政的附庸而丧失组织自身的独立性。再如，社会人假设可以解释学校决策的关系取向，个体和组织都是生活在社会关系之中，关系是一种联结，也是组织的一种存在方式。因此，任何人和组织都不可能逃离特定社会关系的影响，中国现代社会仍然具有很强的人情化的色彩，注重人情、感情、关系、回报等传统的人际法则，深深地影响着学校组织的决策取向。

二、学校决策行为的理性分析

从社会学视角来看，学校决策是决策者的一种社会行动。我们可以进一步将学校的决策行为作为社会行动进行理性剖析，挖掘其内在的理论逻辑。马克斯·韦伯认为，一个人能够说明、指向或影响其他人的行动才是社会行动。社会行动有特定的行动逻辑，需要置于社会情境中加以分析。韦伯将人的社会行动划分为价值理性、工具理性、传统理性和情绪理性四种类型，学校决策作为人的一种社会行动，大体上也可做如此分析。

韦伯认为，工具理性行动是指"当目的、手段及其附属物都被理性地加以考虑和权衡时，行动在工具意义上就是理性的"[①]。学校决策中的利益计算与功利取向，主要基于工具理性。

价值理性行动"即由对于某些伦理的、美学的、宗教的或其他行为方式有意识的信念所决定的行动，它并不取决于它的成功的前景"[②]，类似于康德的"绝对命令"，"人类行动只有在由这种无条件要求的成就所推动时，才能称作是价值理性的"[③]。在学校决策中，教育性指向是价值理性的体现。学校的一切决策都是基于人和促进人的成长，出发点和落脚点都指向人。在这个意义上，学校决策的教育性指向与对人的关怀，遂成为其价值理性或"绝对命令"，是学校决策者的专业理性和价值追求。

情绪理性行动"是由活动者的特殊情绪和感情状态所决定的行动"，当然人的纯情绪性行动在某些状态下也可以是一种升华，超越情绪的界限，指向有意义的行动。当这种情形出现时，"它是通向理性化的道路"[④]。但是如果"认为情感行动就意味着心理上的非理性（譬如认为发怒就意味着好斗的天性的一种表现），那恰恰同把传统主义与习惯等同起来一样是不合理的。其中完全可能有心理方面的成分，但心理成分肯定不是问

---

① ［德］马克斯·韦伯：《社会科学方法论》，杨富斌译，61页，北京，华夏出版社，1999。
② 同上书，59～60页。
③ 同上书，61页。
④ 同上书，60页。

题的全部"①。学校决策也是如此，其决策主体是人，人是情感动物，不可避免会受到情绪和情感的影响，但情感、情绪与理性并不是完全对立的，不能将情感和情绪性行为等同于非理性行为。

传统理性行动"是由根深蒂固的习惯所决定的理性行动"②。当然这里的"习惯"一词并不是心理学的解释，而是与合法性、神圣性、权威性相联系③，主要是指社会文化和传统习俗等力量。在学校决策中，人情关系、社会潜规则、文化观念都会影响决策者的行动，本质上是传统、习惯等社会逻辑在起作用。

当然，在行动实践中，人们的社会行动并非只以其中的一种方式或另一种方式为行动取向。应该指出的是，从狭义上讲，似乎只有工具理性行动才是纯粹的"理性"活动。工具理性行动专注于理性的计算，对目的、条件和手段都认真加以考量，瞻前顾后，百般权衡，万般思量，是基于理性的行为。其他三种类型似乎恰恰是"非理性"的。首先，情绪理性行动应该划为非理性的范畴，情绪理性行动的基础在于情感，本质上是非理性的。而传统理性行动，按照韦伯自己的说法，也近乎于"对习惯性刺激的自动反应"。"这甚至可能使人认为，对于韦伯来说，传统主义只是对于习惯的心理学机制的一种表达。"④

---

① ［美］塔尔科特·帕森斯：《社会行动的结构》，张明德、夏遇南、彭刚译，726 页，南京，译林出版社，2012。

② ［德］马克斯·韦伯：《社会科学方法论》，杨富斌译，60 页，北京，华夏出版社，1999。

③ ［美］塔尔科特·帕森斯：《社会行动的结构》，张明德、夏遇南、彭刚译，724 页，南京，译林出版社，2012。

④ 同上书，723 页。

习惯是长期积淀下来的，对习惯的遵从当然不是完全理性的，虽然是对前人理性的接受，但未经任何理性的批判，至少不是行动者自主理性的体现。价值理性行动的基础是信念和绝对价值，而不考虑其结果，"把其行动的后果留给上帝"[①]。所以价值理性行动也是非理性的，"实际上，所指向的行动的价值越是被提升为绝对价值的层次，在这种意义上，其相应的行动就越是非理性的。因为活动者为自身的利益越是无条件地献身于这种价值，献身于纯粹的情感或美感，献身于绝对的善或忠于职守，那么，他受他的行动结果的考虑的影响就越小"[②]。正如中国古代的"愚忠""守贞"等无条件献身某种价值信念的行为，恰是一种非理性行动。据此来分析学校决策行为，应该大多属于有限理性的决策行为。

韦伯在对社会行动进行四分类的基础上，进一步提出了行动取向的三个范畴：惯例、利益、合法秩序。利益这个范畴，可以从目的合理性，也即从工具理性的取向来理解其行动的一致性。利益来自追求特定目的过程中的合理性规范，即手段对于目的的有效适应——功效规范。合法秩序的概念则涉及行动者们认为存在着这样一种作为规范的秩序之观念的行动取向[③]，来自合法性规范或道德义务。当然这二者是错综复杂地交织在

---

① ［德］马克斯·韦伯：《社会科学方法论》，杨富斌译，114 页，北京，华夏出版社，1999。

② 同上书，61 页。

③ ［美］塔尔科特·帕森斯：《社会行动的结构》，张明德、夏遇南、彭刚译，728 页，南京，译林出版社，2012。

一起的。对于传统、习惯、惯例等范畴，韦伯语焉不详，也许用之解释决策中的"合情性"也是恰当的。这与布迪厄关于"惯习"的阐述具有一致性。

韦伯关于社会行动的四种理性的分类，以及关于行动取向的三个范畴的提出，可以进一步解释学校决策的行为逻辑，并且与前面关于学校组织的人性假设的分析相契合。学校决策的行政取向和功利取向，其实是工具理性的行动，是对决策行动的目的、手段和后果进行理性权衡的结果，不完全是基于教育信念的价值理性，而是基于现实利益和现实条件的工具理性的社会行动。学校决策的关系取向，其实是传统理性的行动，也与"惯例"这个范畴相吻合，主要是基于根深蒂固的社会惯例和传统。中国传统社会的儒家文化，造就了注重人情的文化传统，这种传统影响到中国人注重人情、面子的处世方式，也影响到学校决策的行为取向。韦伯归纳的社会行动取向的三个范畴——惯例、利益、合法秩序，也正好成为学校决策三个主要价值取向的理论解释的基点。其中，学校决策的行政取向，与"合法秩序"这个范畴相关联，指向决策的合法性追求；学校决策的功利取向，与"利益"这个范畴相关联，指向学校决策的合理性追求；学校决策的关系取向，与"惯例"这个概念相关联，指向学校决策的合情性追求。

上述关于学校决策行为的人性假设和理性分析，可以归纳为表 3-1 的内容。

表 3-1 学校决策的人性假设和行为理性分析

人性假设	决策类型	行为类型	行动基础	价值取向
经济人	完全理性	工具理性	利益	功利取向
政治人	完全理性	工具理性	合法秩序	行政取向
社会人	有限理性	传统理性	惯例	关系取向
心理人	非理性	情绪理性	情绪和情感	情感取向
决策人	有限理性	工具理性与价值理性	经济利益与社会心理	权变取向

我们以人性假设为基点，以韦伯的社会行为理论和管理学理论为视角，对学校决策行为进行行为理性分析。学校决策的不同价值取向，以不同的人性假设为逻辑起点，各自分属于不同的决策类型和不同的行为类型。不同的行为类型具有各自的行动基础，表现出不同的行动取向。学校决策作为一种价值活动和社会行动，基本上可以从上述五个方面进行分析，并据此揭示学校决策价值取向的一般理论逻辑。从学校决策实践来看，经济人假设、政治人假设、社会人假设及其价值取向，是学校决策实践中三种比较突出的取向，或者说是三种价值偏向，是实然的状态。

三、学校决策价值取向的形成机制

学校决策价值取向的理论逻辑，也表现在其形成机制上。学校决策的形成机制，可以看成决策者的价值偏好、学校的组织理性和社会主流价值观念博弈与融合的结果，并最终以学校组织理性的形式表现出来。①

（一）学校决策主体价值偏好的影响

决策是决策者的决策，毫无疑问，任何决策都会深深地打上决策者的烙印。决策者的价值偏好影响决策的价值取向。在学校决策中，决策主体是校长及其领导班子。中小学实行的是校长负责制，萧宗六教授认为，校长负责制就是学校工作由校长全面负责②。实行校长负责制的学校，"校长是学校行政的最高负责人，是学校的法人代表，对外代表学校，对内全面负责，有决策指挥权"③。这种观点强调校长负责制就是一长制，其性质是个人负责制。其他力量无论在学校发挥什么作用，都不能取代校长。张济正教授认为校长负责制是一种结构性概念，"校长负责制是学校在上级宏观领导下，以校长全面负责为核心，同支部保证监督、教职工民主管理有机结合，为实现学校工作目标，充分发挥行政管理功能的学校领导关系的结构体系"④。显然，后一种观点更为全面。

校长负责制最核心的是决策权。校长作为学校法人代表，

---

① 詹姆斯·E. 安德森认为指导决策者行为的有五种价值观：第一是组织价值观，其核心是组织目标；第二是个人价值观；第三是专业价值观，即在如何解决问题上，不同专业的人往往有不同的价值偏好；第四是政策价值观；第五是意识形态价值观。笔者认为政策价值观可以归为组织价值观，专业价值观可归为个人价值观。并据此提出学校决策价值取向的形成机制三要素。

② 1985—2022 年，我国中等及中等以下各类学校实行校长负责制。2022 年 1 月，中共中央办公厅印发了《关于建立中小学党组织领导的校长负责制的意见（试行）》，开始试行党组织领导的校长负责制。此处讨论的是校长负责制。

③ 萧宗六：《学校管理学》，21 页，北京，人民教育出版社，2008。

④ 张济正：《学校管理学导论》，283 页，上海，华东师范大学出版社，1990。

拥有最终的决策权，其个人的价值偏好对学校决策有着重要的影响。所谓"一所好校长就是一所好学校"，指的就是校长的决策价值取向对学校办学的影响。校长的价值观念、伦理水平都会以不同方式影响、渗透学校的决策行为。

当然，从管理实践来看，学校决策并不完全等同于校长个人决策，形式上应该是群体决策。一般中小学校的决策是通过校长办公会或者校务会议来进行，也就是说校长个人在学校决策中扮演着重要角色，但他的决策也不是随心所欲的，也许在一时一事上会体现校长个人的意志，但以较长的时间窗口期来观察，学校决策总体上应该是以校长为主的群体决策。在这个过程中，教师的诉求、家长的声音、学生的期望、社会的期待、其他领导的意见，都会影响学校决策。从另一个意义上看，即便学校决策主要是校长决策，也并不等于是校长个人的决策，因为校长的角色和身份并不是自然人，而是法人，其校长的职业角色包含着特定的责任和义务，因而校长的决策行为是职业行为而不完全是个人行为，其价值取向受个体价值偏好的影响，但并不完全等同于个人的价值取向。

总而言之，校长负责制无论是校长个体决策还是群体决策，决策者都不是被动的。决策者的价值偏好对于学校决策取向的影响勿庸置疑，虽然这种影响是相对的、有条件的。

2022年以后，各地中小学开始逐步试行"党组织领导的校长负责制"，学校的决策方式相应发生改变，进一步加强和优化集体决策。在这种新型的决策机制下，决策者个人的价值偏好对于学校决策取向的影响，尚有待观察。

(二)学校的组织理性的主导作用

组织是有理性的，组织的行动受其理性支配，学校组织也不例外。"关于组织最重要的事情，不是它们是一种工具，而是每个组织都有自己的生命。"[1]从哲学和社会学的角度来看，理性是"指思想和行动自觉地符合逻辑规则和经验知识，在这种思想和行动中，种种目的都是前后一致的，并且运用最合适的手段来达到目的"[2]。从组织学的角度来看，"理性就是根据评价行为结果的某些价值系统来选择偏好的行为方案"[3]。组织理性是指社会组织内具有的独立于个人理性的整体性的理性体系，即以社会组织为载体的理性。组织理性可以理解为组织文化的内核，表现为组织的价值观念与价值取向。"它是这样一种状态，即一个社会组织中具有了那些得到主要组织成员自觉遵循的一套独特的共识性或强制性的行动逻辑规则和经验惯例，这些规则和惯例或者与组织生存和组织各种目标的实现手段相关，或者与组织成员在组织中的地位合法有关。"[4]组织理性其实就是组织相对稳定的价值准则和行动逻辑，是组织生存和发展的关键因素。

---

① [美]W. 理查德·斯科特、杰拉尔德·F. 戴维斯：《组织理论——理性、自然与开放系统的视角》，高俊山译，83 页，北京，中国人民大学出版社，2011。

② [英]G. 邓肯·米切尔：《新社会学词典》，256～257 页，上海，上海译文出版社，1987。

③ [美]赫伯特·A. 西蒙：《管理行为》，詹正茂译，81 页，北京，机械工业出版社，2013。

④ 赵孟营：《论组织理性》，载《社会学研究》，2002 (4)。

　　西蒙在讨论决策中的理性时，虽没有明确提出"组织理性"的概念，但提出了"群体理性"的概念。他强调"组织人格"的意义，讨论组织的共识性价值准则的作用，并且提出个人理性与群体理性、主观理性与客观理性、完全理性与有限理性的区分。组织理性不仅表现为客观评判的客观理性，也表现为主观选择的主观理性。因为合理性是个相对概念，在韦伯看来，合理性不是来自事物本身，而是被归因于事物。只有从某一个特定角度看，事物才被认为是符合理性的或非理性的。

　　新制度学派认为，组织理性不完全是行动个体理性的简单相加，虽然组织是由个体组成的，但它要受到外在环境、内在环境的制约。决策者个体价值偏好并不能代替和决定组织理性，其对组织理性的影响是有条件的。尽管决策是由决策者做出的，当且仅当行动个体把一种主观意义赋予其行为时，行为才是社会的。[①] 决策虽然被打上了决策者主观的烙印，也就是决策者的价值偏好的影响，但并不说明决策者在做出决策时是自由的。相反，他要受到相当的制约。组织有自己的理性，主要体现在组织制度和组织文化之中，体现为组织自身的价值观念和价值取向，"组织通过体现一套特殊的价值观，获得了一种'人格结构'、一种独特身份"[②]。学校组织也是如此，它的决策行为的价值取向是学校组织理性的内在追求，既有价值理性

---

　　① ［美］W. 理查德·斯科特：《制度与组织——思想观念与物质利益（第 3 版）》，姚伟、王黎芳译，18 页，北京，中国人民大学出版社，2012。
　　② 同上书，28 页。

的追求，也有工具理性的追求。在学校决策中，组织理性起着主导作用。决策者个体的价值偏好，间接曲折地通过组织理性表现出来。

（三）社会期待与主流价值观念的制约

学校决策的价值取向是特定时空条件下的产物，受到当下社会主流价值取向的影响。社会主流价值取向也可理解为社会理性或社会期待，不同的时代有不同的主流价值取向。任何人和组织都是存在于特定社会场域之中，其价值判断与价值选择难以超越时代的限制，无可避免地被打上时代与历史的印记。新制度主义学派认为，组织不仅仅是一种生产系统，也是一种社会与文化系统。它不仅受到技术环境的影响，而且受到更广泛的社会文化因素的重要影响。这种比组织更大的外部环境对组织起着制约、塑造、渗透和革新的作用。①帕森斯指出"每个组织都是某个更大的社会系统的一个子系统"②。社会系统的文化与价值观念对个人及组织的价值行为有潜在的弱影响。

我们正处于一个多元的时代，用齐格蒙·鲍曼的话来说，我们正处于一个液态的现代世界："像所有流体一样，它无法停下来并保持长久不变。这个世界中的一切，差不多一切，都是变动不居的。"③中国的现代社会颇为复杂与多元。许多应该

---

① ［美］W. 理查德·斯科特：《制度与组织——思想观念与物质利益（第 3 版）》，姚伟、王黎芳译，2 页，北京，中国人民大学出版社，2012。

② 同上书，31 页。

③ ［英］齐格蒙·鲍曼：《来自液态现代世界的 44 封信》，鲍磊译，1 页，桂林，漓江出版社，2013。

发生在不同历史阶段的事情，被压缩和重叠在同一个时间段内。"从原始的刀耕火种到现代的太空育种，从古老的手工制作到现代的纳米技术，从荒凉的村寨到繁华的都市，都集中在同一个过程中。那些在早期现代化过程中被认为是矛盾的东西，如传统和现代、政府和市场、国家和社会、个人自由和社会责任，在我国改革开放和社会发展过程中却既相互需要又相互补充，既相互冲突又相互协调。"①

我们当下所处的中国社会，有着传统社会的印记，也有现代社会的元素和后现代社会的影子；受传统儒家思想的影响，又受到西方现代社会价值观的冲击，多元的价值观念互相冲突与融合。传统社会的价值取向更多地依从于道德、习俗、信仰的要求，现代社会的价值取向主要是科学主义与工具理性的维度，后现代社会的价值取向则呈现多元、民主、对话、协商的样态。这些不同时代特征的价值取向交织叠加在一起，共存于我们这个时代之中，影响着组织和个体的行为取向。比如，社会不同层面对于学校教育的观念与期待，不尽相同：国家和政治的层面对学校教育的要求与期待是公平、均衡与正义；市场与经济的层面对学校教育的要求与期待是竞争、质量与选择；家长与社会对学校教育的价值诉求是升学率等看得见的办学成绩，显示更多的功利取向。这些不同的价值诉求，共同作用于学校组织的价值判断与价值选择，有些时候会让决策者无所适

---

① ［英］约翰·哈萨德：《时间社会学》，朱红文、李捷译，3页，北京，北京师范大学出版社，2009。

从，顾此失彼，陷入深深的价值困境之中。

（四）社会期待、组织理性与决策主体价值偏好的交互影响

组织理论对组织理性与个人理性之间的关系的认识大致可以分为两个阶段。20世纪20—30年代，大多数学者认为个人是依附于组织的，强调组织效率和组织目标的实现优先于成员个人的目标和个人的利益。自切斯特·巴纳德（Chester I. Barnard）开始，学者们认识到组织是个人的合作系统，认为组织效率和组织目标与组织成员的个人目标和个人利益具有同等重要性。组织理性与个人理性是通过决策行动关联起来的。组织理性类似法人理性，个人理性类似自然人理性，二者既相关联又有区分。二者的关系可以概括为"在个人理性指导下的个人行动既是组织理性的动力也是瓦解既有的组织理性的因素，而既有的组织理性通过对组织成员的行动的诱惑、引导或约束而嵌入到成员的个人理性之中"[①]。二者是相互嵌入的，个人理性通过冲突、竞争、调和，通过制度化来建构组织理性；组织理性通过同化、社会化来影响个人理性。

传统经济学理论过于强调组织中的个人理性，认为社会和组织的理性是个体理性的相加。西蒙的管理行为理论修正了传统经济学理论关于个人理性的夸大的假设。"个人正是通过组织才得以合乎情理地接近客观理性。"[②]他把个人认知能力的有

---

① 赵孟营：《论组织理性》，载《社会学研究》，2002(4)。
② ［美］赫伯特·A. 西蒙：《管理行为》，詹正茂译，90页，北京，机械工业出版社，2013。

限性与组织结构的特征联系起来考虑，指出组织结构的作用是支持和简化组织中的个人决策，并使个人行为之间实现更高程度的协调一致性。"个人在获得组织成员资格的过程中，被预期会接纳组织的价值偏好，并用以指导其决策"，"组织中的行为是理性的，因为选择受规则的约束，而个人也受到规则的指引"。[①]

制度学派更加确认组织理性的主导作用。斯科特认为，组织给成员提供了组织规则、程序和惯例的形式，这些程序和规则大大简化和减少了个体的自主决策，以至于他们实际上很少做出选择，或者在很大程度上只限于他们所做的那些选择。"价值观前提、认知框架、规则与惯例，是导致成员理性地行事的重要力量。实际上，'只有组织化和制度化的个人，才是理性的个人。'"[②]群体决策是在个体决策的基础上完成的，但是群体决策并不是个体决策的简单叠加，在学校组织中，是通过制度的、文化的乃至心理的途径使得决策个体进入决策群体之中，这本身也是个体社会化、制度化的过程。正如帕森斯所说："选择当然总是个体行动的选择，但是从主体间性的角度讲，这些选择在一个社会系统中不能是随机的。"[③]社会系统和组织维持自身生存的最重要的功能之一，是将组织中不同行动

---

① ［美］W. 理查德·斯科特：《制度与组织——思想观念与物质利益（第 3 版）》，姚伟、王黎芳译，32 页，北京，中国人民大学出版社，2012。
② 同上书，32 页。
③ ［英］齐格蒙特·鲍曼：《作为实践的文化》，郑莉译，17 页，北京，北京大学出版社，2009。

者的价值取向整合在一个共同的社会系统中。

由此观之，学校作为社会组织，其决策行为的价值取向，表面上受到决策主体价值偏好的影响，但从深层次来看则受到组织理性的规制和指引，而个人理性与组织理性又不可避免地受到社会主流价值取向和社会期待的影响，或者说，决策中的个人理性与组织理性不过是社会理性的折射与反映。当然，这三者并不总是一致与和谐的，其间的相互嵌入与交互作用，充斥着博弈、冲突与调和。学校决策是一种博弈的过程，是各种力量角逐的结果。因此，学校决策并不是自在的，也不是自由的，既有来自社会的外力的影响，也有来自学校内部的影响，还有来自决策者个人的影响。所以学校决策不仅是技术层面的理性判断与选择，也是价值的冲突与融合。学校决策的价值冲突与价值困境，不仅是决策主体内在的困境与纠结，也是决策者与外在压力的紧张与对抗，还是组织与决策者的协商、制度与人文的对话。在这个意义上，我们说，决策不完全是决策者的决策，而是社会期待、组织理性和决策主体价值偏好的相互嵌入、同化与融合的过程，是三者博弈与冲撞、协商与对话的过程，并最终通过组织理性表现出来。

第二节　学校决策价值取向的实践逻辑

上述分析的是学校决策价值取向的一般理论逻辑。而要深入研究学校决策的价值取向，还应该回归到实践中去寻找其缘由，也即实践逻辑。"实践总归是实践者的实践，实践者也是处于各种复杂的因素之中的，并不是纯粹的理性主体。"[1]任何实践都不是按照理论建构运行的，它总是带有自身的逻辑，这种实践的逻辑有别于理论逻辑。它可能是破碎的、隐蔽的、不连贯的，但它却是存在的。"必须承认，实践有一种逻辑，一种不是逻辑的逻辑，这样才不至于过多地要求实践给出它所不能给出的逻辑，从而避免强行向实践索取某种连贯性，或把一种牵强的连贯性强加给它。"[2]实践从不服膺于任何一种理论流派，固执地体现着实践的合理性。理论只是对实践的一种解释与模拟，但是人们往往错误地将"解释实践而构建的模型当作实践的根由"[3]。实践的逻辑和行动的理由，隐含在丰富而破碎的实践之中，需要我们在实践中钩沉索引。

一、"行政的齿轮"——学校决策行政取向的合法性机制

学校决策行政取向的突出表征，就是学校如同一枚嵌入在行政机器上的齿轮，随着行政机器一同飞转。这背后隐藏的实践逻辑是什么？现代社会组织运行主要遵从两类机制：一是效率机制，二是合法性机制。效率机制主要是经济组织所遵从的法则，即在效率竞争中优胜劣汰。合法性机制"是诱使或迫使组织采纳在外部环境中具有合法性的组织结构或做法的一种制

---

[1]　石中英：《教育哲学的责任与追求》，13页，合肥，安徽教育出版社，2007。
[2]　[法]皮埃尔·布迪厄：《实践感》，蒋梓骅译，120页，南京，译林出版社，2009。
[3]　同上书，133页。

度力量"①。对于组织发展而言，合法性的意义在于可以帮助组织提高社会地位，得到社会认可，进而更好地获取各类资源，以谋求自身的存在与发展。学校、医院、教会等社会组织，大多遵从合法性机制，在这种机制下，组织特别关注的是其赖以存在和发展的外部环境和内部文化，从而具有更强的社会稳定性和适应性。而遵从效率机制的组织往往追求的是短期效率和效益，具有更强的灵活性和权变性，但也在无尽的效率追求中逐渐丧失了自身的文化根基和存续的理由，一旦其存续的环境发生根本的变化导致其效率追求失败，则在优胜劣汰中消亡。

关于组织行为的合法性概念，韦伯比较早地从社会行为的角度进行了阐述，他在对社会行动进行四分类的基础上，进一步提出了行动取向的三个范畴：惯例、利益、合法秩序。韦伯认为，"合法性乃是秩序的一种性质"②。"行为，尤其是涉及社会关系的社会行为，也许会以下列信念为向导，即存在着合法的秩序。"③在这里，韦伯将合法性与合法秩序相同对待。这种合法性秩序来自合法性规范或道德义务。

帕森斯进一步从社会学的范畴提出组织合法性的根源，每个组织都是某个更大的社会系统的一个子系统，这种更大的社会系统是组织的"意义"、合法性之根源，是使组织目标的执行

① 唐安奎：《寻求合法性：高校趋同的动力机制》，载《高等工程教育研究》，2007(1)。
② [美]塔尔科特·帕森斯：《社会行动的结构》，张明德、夏遇南、彭刚译，740页，南京，译林出版社，2012。
③ [德]马克斯·韦伯：《社会科学方法论》，杨富斌译，67页，北京，华夏出版社，1999。

得到可能的更高层次的支持根源。

　　制度学派从组织行为学的角度系统地提出了"合法性机制"的理论。他们认为，组织如果想要在它们的社会环境中生存下来并兴旺发达，除需要物质资源和技术信息外，还需要其他东西，特别是需要得到社会的认可、接受与信任。[①]"合法性是一种普遍化理解或假定，即由某个实体所进行的行动，在社会建构的规范、价值、信念和身份系统中，是有价值的、适当的假定。"[②]当环境中的法律制度、文化期待等成为广为接受的事实，就会产生强大的约束力量，规范着组织的行为。组织必须提高自己在制度环境中的合法性，才能生存和发展。合法性机制的本质是组织的制度理性，制度理性从两个方面影响组织和个人的行为：一种是强的关系，另一种是弱的关系。强的关系是指制度塑造了组织形式、组织结构和组织行为，组织和个人的自主性很小，而制度的力量很强大，它不仅影响人的行为，而且影响组织的思维和行为。弱的关系是指制度通过影响资源分配或激励方式等来影响组织行为。

　　社会性组织更多地遵从合法性机制。以此视点来观察学校决策行为的行政化取向，则易于得到合理的解释。简而言之，学校作为教育组织，其存在、发展与延续，并不完全取决于其效率机制，更取决于其合法性机制。它总是要去寻找组织自身

---

　　① ［美］W. 理查德·斯科特：《制度与组织——思想观念与物质利益（第 3 版）》，姚伟、王黎芳译，67 页，北京，中国人民大学出版社，2012。

　　② 同上书，68 页。

的意义和合法性根源。这是学校决策行政化取向内在的行动逻辑，即学校组织的合法性机制的内在规定性。

首先，学校的合法性来源于上级教育行政部门。在合法性机制的作用下，任何社会组织的发展首先要考虑组织的合法性来源，寻求合法性支持。合法性的来源在哪里？理查德·斯科特(Richard Scott)认为，各种权威机构——文化的以及政治的机构——被赋予权力，可以授予其他行动者或者机构合法性。斯廷克库姆明确指出，"谁的价值观确定了合法性这个问题，归根结底与社会权力相关"①。毫无疑问，学校的合法性来源于上级权力部门。学校是教育主管部门的下属事业单位，学校办学的人事权、财权、办学评价权集中在上级教育行政主管部门手中。作为公办学校，即便办学质量很高，如果得不到教育主管部门的认可与资源上的支持，也就失去了合法性，将难以生存和持续发展。因此，寻求合法性，是学校决策行政化取向的内在逻辑，是学校组织理性的内在追求和动力机制。合法性机制是制度环境要求组织必须服从的制度，组织应该采用广为接受的组织形式和做法，而不管这些形式是否有助于提高组织的运作效率。所谓合法性，是指一整套普遍的认知或假定，即参照现行准则、价值观和信仰定义的社会构架系统，组织的行为是合意、正确或恰当的。②合法性机制的本质是组织的资源依

① ［美］W. 理查德·斯科特：《制度与组织——思想观念与物质利益（第 3 版）》，姚伟、王黎芳译，69 页，北京，中国人民大学出版社，2012。
② 刘琪：《试论组织合法性机制的现实意义》，载《中国城市经济》，2011（5）。

赖。在这种依赖中，上级行政性指令遂成为学校决策行为的最高依归。而当行政之手伸得过长，必然会出现行政对教育的僭越。而行政的僭越又必定造成学校决策的行政化倾向。从目前中小学的管理体制来看，教育行政部门对学校是管、办一体，掌握着学校生存与发展的核心资源，而资源控制是权力的重要来源。从办学自主权来讲，如果教育行政部门资源控制的力度过大，那么，学校的主体位置往往是空虚的、悬置的，学校将会依附于上级教育行政部门。

其次，进一步来看，与政府的其他行政权力相比，教育主管部门的行政权力又相对处于弱势地位，这客观上进一步造成政府的其他行政权力对学校决策的渗透性影响。在政府的机构序列中，教育行政部门是行政权力相对偏弱的部门。教育行政部门管理的责任与权力不对等，责任在教育行政部门，权力则分割在其他部门手里，权力的分散使得教育行政部门相对弱势，客观上造成掌握人、财、物的强权部门通过行政之手对教育管理的掣肘与干预，这种掣肘与干预通过管理通道传导到基层学校，间接加剧了学校决策的行政化倾向。学校办学自主权不落实，法人地位在实践中的悬置，校本决策成为形式和装饰，在这样一种制度环境和组织环境中，学校组织为寻求行政权力的认可，借以获得相应的资源支持，于是合法性机制内在地成为学校决策行为的实践逻辑。因为学校组织的唯一合法性来源必然来自政府及其教育行政部门。

最后，合法性机制也同样影响学校内部组织结构和决策机制。学校内部组织结构存在雷同的状况，全国来看，没有多大差异，而且几十年几乎没有什么变化 。比如省教育厅有什么样的机构设置，市、县教育局自然有对应的机构设置，学校自然也有相匹配的机构与之对应。学校组织结构俨然是政府行政科层机构的复制。这种组织同形并不是基于教育规律、课程管理或者办学质量的要求，而完全是寻求与组织外部环境的一致性，并在这种一致性中寻求外在的合法性。组织结构对组织结果的影响往往与工具理性无关，不是遵循效率机制，而是遵循合法性机制，"组织往往与其生产绩效无关，组织存在于高度复杂的制度环境之中，逐渐与其制度环境同形，并因此而成功地获得生存所需要的合法性与资源"①。因此，出现以下的情况就不让人太过讶异：近一百年来，世界上管理科学和社会组织学关于组织结构的研究有大量成果，并在企业等各类组织中实践和优化，但是我们的中小学校的组织结构几十年来几无变化，而且全国高度一致。组织同形是"社会适当性"和合法性的结果，组织同形有三种机制：强制性同形、规范性同形、模仿性同形。学校组织的同形结构属于规范性同形的范畴。因此，我们可以理解为何学校组织中不仅有与教学相关的机构，也必须有与组织环境相匹配的机构，比如所有学校都有党、群、工、团等非教学组织。其原因就是学校不仅要具备生存竞争的能力，还要具备制度环境所规制的文化认可，从而获得合法性

---

① ［美］W. 理查德·斯科特：《制度与组织——思想观念与物质利益(第 3 版)》，姚伟、王黎芳译，160 页，北京，中国人民大学出版社，2012。

的来源。其结果是学校组织结构行政化，采用科层制的组织结构，几乎是教育行政机构的同形复制。结构决定机制，这种叠层架屋的行政化组织结构，使得学校决策机制行政化，决策主体单一，决策过程封闭，决策的合法性与民主性两个维度日趋弱化。

总之，学校组织作为"行政人"，其制度理性要求它遵从"合法性机制"的实践逻辑，以期获得合法性认可、办学资源与行政支持，从而维护自身的存续和发展。

二、"看不见的手"——学校决策功利取向的利益机制

学校决策的功利取向的实践逻辑是利益机制的作用。利益是学校决策的首要目标导向。利益，是人类生活中的重要社会现象，是人的社会行为和组织行为中最普遍起作用的因素，犹如"一只看不见的手"。霍布斯在《利维坦》中指出，每个人的目的都是为着他自己的利益的。爱尔维修（Helvétius）认为，利益是人类一切活动的基础，是人类唯一的推动力，"利益在世界上是一个强有力的巫师，它在一切生灵的眼前改变了一切事物的形式"[①]。马克思关于利益也有很多论述，认为利益是社会发展的基础、前提和动力因素；人们奋斗所争取的一切，都同他们的利益有关。[②]

利益不仅是社会行为的动因，即便是思想观念、道德和正义，也蕴含着利益的基础。马克思认为利益决定人的思想观

---

① 王伟光：《利益论》，12页，北京，人民出版社，2001。
② 同上书，32页。

念，"'思想'一旦离开'利益'，就一定会使自己出丑"①。普列汉诺夫认为"利益是道德的基础"②，各种美德植根于利益；爱尔维修宣称："就像物质世界受运动定律支配一样，道德领域受利益定律的支配。"③赫希曼研究了利益的起源发现，人性中存在理性与欲望的对立与战斗，17、18世纪欧洲的思想家们从欲望中分解出"利益"，使之成为一种不同于其他欲望的欲望，借以平衡理性与欲望之间的斗争。在英文中，"利益"与"兴趣"就是同一个词汇"interest"。正是在这个意义上，利益成为人类理性与欲望之间的桥梁，成为道德的基础。正义也植根于利益。约翰·穆勒（John Mill）在《功利主义》一书中写道：虽然正义在观念上是与利益对立的，但是从长远来看事实上从来没有脱离利益④，"一切正义的问题也都是利益的问题，这始终是显而易见的；两者的不同之处在于正义附有一种特殊的情感，从而使正义有别于利益"⑤。

利益与需要、效用是不同的概念，利益是需要、效用在一定社会关系中的表现。需要是利益的自然基础，社会关系是利益的社会基础。基于不同的社会关系，利益可以分为个人利

---

① 《马克思恩格斯全集（第1卷）》，103页，北京，人民出版社，1957。
② 袁贵仁：《价值观的理论与实践——价值观若干问题的思考》，206页，北京，北京师范大学出版社，2006。
③ ［美］阿尔伯特·赫希曼：《欲望与利益》，冯克利译，38页，杭州，浙江大学出版社，2015。
④ ［英］约翰·穆勒：《功利主义》，徐大建译，42页，上海，上海世纪出版集团，2008。
⑤ 同上书，65页。

益、群体利益和社会利益。其在学校决策中表现为个人利益、学校利益和公共利益。在不同的时间、空间状态下，它又可分为长期利益与眼前利益、局部利益与全局利益。对于这三类基本利益的不同选择，就形成了学校决策的不同价值取向。

利益与功利也有所不同。有的研究者将利益与功利作为同一概念使用，比如袁贵仁认为人类追求价值，在最普遍、最根本的意义上就是追求功利。对功利的向往和追求，是任何国家、任何时代的人们的普遍心态。功利是一种价值，"是一种实用价值、工具性价值、物质性价值。正是由于功利价值的物质性特点，……功利才成为人类生活中的第一种价值形式"①。从语义学上看，功利与利益有一定的区别，利益一般是中性概念，是指个体或群体的需要在社会关系中的反映。在中文语义中，功利一般有负面的指向和意义，是对人们获取利益的某种评价。比如在上述三种基本利益类型中，当利益冲突发生时，学校决策选择眼前的、局部的、个人的利益，我们就认为这是功利的取向。而利益是中性的，利益是一切决策的目标，无论是个体决策还是组织决策，都毫无疑问地将利益作为决策的基本追求之一。趋利是人的一种本性。若学校决策的利益追求进一步演进为功利化的倾向，则是学校组织内部及其外部环境使然。

从学校组织的内部来看，学校决策的功利倾向是利益机制

---

① 袁贵仁：《价值观的理论与实践——价值观若干问题的思考》，203页，北京，北京师范大学出版社，2006。

作用的结果。从价值层次来看，功利性追求是一种较低层次的价值追求，体现的是学校决策的工具理性。比如，在决策中个人决策代替集体决策，非会议决策代替会议决策，关注眼前利益大于长远利益，关注局部利益多于公共利益，关注教师多于关注学生，关注上级要求多于关注下级诉求，关注目的而不择手段，关注结果而忽略程序，关注功利甚于关注正当性，关注工具理性多于关注价值理性，等等。这些是学校组织的短期行为，也是学校组织自我矮化、走向平庸的表征。

短期行为是功利取向的一种表达方式，从经济学角度来讲，也是一种投机行为，按照经济学的解释，投机行为容易在一次性博弈时产生。这是因为一次性博弈后双方不再交易，也就不用再承担这次投机性行为的任何后果。当投机的博弈成本很低甚至无成本的时候，人们会倾向于选择投机性的短期功利行为。心理学研究表明，在即时满足与延迟满足的选择中，"当某种结果是即刻发生的时候，本能的情绪系统会控制我们的行为，选择立即可以获得的满足，并且表现出非理性的倾向。但当这种满足不是即刻可得的时候，冷静理智的理性系统则会使我们更加明智地做出选择"①。所以这里也有一个度的问题，从短期利益与长远利益中做出选择，要看短期短到什么时候，如果是即刻出现的，人们大多会选择即时满足，也即选择眼前利益，采取短期行为。

---

① ［美］雷德·海斯蒂、罗宾·道斯：《不确定世界的理性选择——判断与决策心理学》，谢晓菲、李纾等译，310～311 页，北京，人民邮电出版社，2013。

研究中我们发现，校长的任职年限与其决策取向之间存在某种相关性，即校长任职的时间越短，越有可能采取短期的功利性决策行为。他会尽可能地考虑当下的现时利益和本位的局部利益；他会注重显性的利益而忽略隐性的利益；由于任职时间短，他缺乏应有的动力去选择长远的和全局的利益，特别是当长远利益与现实利益、全局利益与局部利益相冲突而不能兼顾的时候。

这说明，突出的办学业绩的取得是一个需要长期努力的过程。学校教育是细水长流的事业，办学业绩的提升周期较长。这也提示我们，校长在一所学校的任职时间一般在五年以上较为适宜。

从学校组织的外部来看，功利化的教育生态会加剧学校决策功利化的倾向。在这种教育生态中，教育的理想、责任与使命，"板凳要坐十年冷""功成不必在我"的教育情怀也可能会被消解。这是学校教育中价值理性对工具理性的失败，是目的对手段的失败。访谈中发现，刚当校长的人，注重事理多于注重人情，有较多的理想与情怀，希望与激情；做校长时间久了的人则更为世故，更加实用与功利，或许是更加理性。正如亚里士多德在 2500 年前指出的："年轻人崇尚概念，因为他们还没有被生活所吓倒，还不知道生活中一些必要的限制；而且，他们满怀信心的热情使得他们认为自己就等同于伟大的事物，即具有一些崇高的概念。他们总是喜欢做些高尚的而不是有用的举动；他们的生活更多地受到道德感情而不是理性的支配。"①个人如此，组织也是这样，在功利化的教育环境之下，学校组织的行为可能与自己的目标追求相偏离。学校作为育人机构，本应以育人为最高价值目标，但现实中学校教育的功利性，比如片面追求升学率的功利做法，与之相差很大，相距甚远。当手段上升为目的，价值理性的目标就会被功利的手段所侵蚀。西摩·马丁·李普塞特指出："价值合理性在经济与政治中的衰退越来越成为现代社会紧张与不稳定的根源。"②我们是否也可以说，价值理性的衰退，是现代教育功利化的根源？这种功利性的取向对于学校的价值追求和可持续发展而言，是极大的损害。

三、"有关系就没关系"——学校决策关系取向的人情法则

学校决策关系取向的实践逻辑是人情法则的作用。在中国传统文化中，人情关系是人们社会行动的隐性逻辑。人是社会关系的总和，人总是生活在社会关系的网络之中，并作为关系网络之中的一个结点而存在。黄光国将中国人的社会关系划分为三种类型：情感性人际关系、工具性人际关系、混合性人际关系。情感性人际关系是一种长久和稳定的社会关系，限于家庭、密友等主要社会群体中的人际关系，这种人际关系首先是基于满足个人在关爱、温情、安全感、归属感等情感方面的需

---

① ［美］西摩·马丁·李普塞特：《共识与冲突》，张华青、林恒增、孙哲等译，27~28 页，上海，上海人民出版社，2011。

② ［美］西摩·马丁·李普塞特：《共识与冲突》，张华青、林恒增、孙哲等译，30 页，上海，上海人民出版社，2011。

求，当然也不排除利用这种关系获取其他需要的物质资源。但显然，相比于情感需要，这是居于次要地位的需求。工具性人际关系是相对于情感性人际关系而言的，是个人生活中与亲友以外的其他人建立的人际关系，这种关系以谋取物质资源为目的，是短暂而不稳定的关系。混合性人际关系是以人情与面子为纽带的人际关系，介于上述两种人际关系之间，它不像情感性人际关系那样以情感为基础，却又有一定的情感关系；它也不像工具性人际关系那样具有普遍性和非个人性，而是具有特殊性和个人化的色彩，难以用公平法则来处理资源，必须要用人情法则来处置，却又往往会陷于人情困境。在中国社会中，基于儒家仁、义、礼的传统，混合性人际关系对中国人的社会行为有着深远的影响。[①] 在混合性人际关系中，人情是基础与纽带。在他看来，人情是"指中国社会中人与人应该如何相处的社会规范"[②]，这种规范也即处理人际关系的人情法则。人情法则的核心是帮助与报答。帮人即做人情，报答即还人情。按照人情法则处理人际关系和资源获取时，容易陷入人情困境，如果不帮助别人，即是不通人情、不讲人情，这在中国社会是很负面的评价。然而，如果以人情法则去帮助别人，可能有违公平合法原则，损害其他人的利益，甚至会让资源支配者本人付出代价。所以资源支配者往往会权衡利弊得失，做出接受或

---

　　① 黄光国等：《人情与面子——中国人的权力游戏》，7～12页，北京，中国人民大学出版社，2010。

　　② 同上书，14页。

拒绝请托的决策。费孝通早在 20 世纪 30 年代就对中国社会中的"关系"进行了研究，并提出"差序格局"的概念。他认为中国人的人际关系具有强烈的"特殊主义"与"个别主义"的特点，以自我为中心，将人际关系按亲疏远近分为若干同心圆，依次递减，对不同关系的人施用不同的交往法则。[①] 中国社会的人际交往，并非一般性的社会互动，而是特指人情关系，在相当长的时间里，中国人为了获得比较稳定而可靠的社会资源，养成了处处、事事都寻求关系的生活方式。[②]

人情具有多重属性。人情的第一属性是情感属性，是一种自然情感，包含血缘和伦理成分的人之常情；第二属性是物质属性，即形式化的交易资源，如礼节、金钱、权力、关系、面子等物质和非物质的潜在资源；第三属性是社会属性，是传统社会关系建立和维持的潜在依据与世俗规范，是一种传统的习惯理性。当然，传统人情关系有多元价值蕴涵，比如知恩图报、讲究情理、利他求善、讲究情面、注重伦理等，对人际关系有积极的润滑作用。进入现代社会，人情关系有所变异，主要表现为：第一，人情关系的泛化。即人情关系从私人关系演进到公共关系，从生活关系进入经济关系、政治关系、社会关系领域；第二，人情关系中内含的自然情感日益消解，人伦情感在功利的社会日渐稀薄，生发于内心的人之常情变成逐利的

---

① 费孝通：《乡土中国》，63 页，北京，北京出版社，2005。
② 常雅慧：《人情、面子、关系：中国人行动逻辑的建构》，载《赤峰学院学报（汉文哲学社会科学版）》，2012(7)。

手段，丧失了其求善、人文的本质内核；第三，传统人情关系作为一种形式资源，演变成可再生、可重复利用的逐利工具，甚至被公开寻租与叫卖。[①]人情关系一步步走向负面的一端。

当人情关系进入社会生活中，会导致角色关系人情化。人情、关系与面子，"对社会的组织结构和社会活动的渗透与影响可以表述为人情对社会角色的侵袭和消解，即'角色关系人情化'"[②]。为什么正常的角色关系要依赖私人之间的人情关系来启动和控制？为什么角色关系偏偏要注入人情？郑也夫认为，这是因为普遍主义行为标准不能充分实行时就必然由特殊主义来取代或补充。人们在正常的办事程序中得不到令人满意的解决，于是就寻找人情与关系。其实，在现实中，普遍主义充分实现的场合，也就是角色关系相当完备的情况下，人情关系仍然起着积极的作用。由"家本位"衍生下来的文化心理，使得人们在社会交往与互动中，将人情泛化到社会生活的方方面面，一定程度上消解着角色关系。人情关系介入角色关系，使得人们的行为模式成为双重维度，一方面受到角色蕴含的权利和义务的规范，另一方面受到人情关系内含的约束。一条是显性的制度层面的规则，另一条是隐性的人情层面的潜规则。人们在决策时往往需要在事理与人情之间寻求平衡，事理与人情兼顾得好，就是通情达理，合情合理；当这二者产生冲突时，

---

　　① 康志亮、王尚银：《从传统到现代：中国人情关系的变异》，载《怀化学院学报》，2012（3）。

　　② 陈荣杰：《论角色关系人情化——关于中国社会人际关系交往的一种描述和评判》，载《华东理工大学学报（社会科学版）》，2005（3）。

情与理相冲突的人情困境就产生了。角色关系人情化，可能导致角色意识的缺失和错位，或者导致角色的拓展，其结果往往是以情入理、以情曲理甚至以情害理，偏离角色规范，颠覆角色关系。

中国学者从传统文化和中国社会的视角出发，对"关系"提出了许多有价值的解释，西方也有相关的研究。组织管理学中的人际关系学派较早将关系纳入管理视野进行研究，他们认为关系行为所形成的非正式关系网络不影响正式组织的制度与结构，而且能为组织成员提供心理、情感、价值等积极支持而有效地提高组织的运行效率。晚近的西方新经济社会学领域中的社会网络学派则从两个路径进行分析，也为学校决策关系取向的行为逻辑提供解释。社会网络学派认为，"存在于关系之中是所有事物共同的特征"①。个体与群体之间的关系具有两重性。一方面，个体进入组织接受组织的规范和约束，成为组织中网络关系的一个结点；另一方面，个体也将其他社会关系网络带进了组织，并对组织产生一定的影响。社会网络理论的第二个思路是功利性的思路，也即社会资本理论的视角，个人利用社会网络争取社会资源，获取社会地位。以这种视角看来，关系是一种功利性的机制，社会网络是一种社会资本，资本讲究投资与回报，人情关系也蕴含着投资与回报。人是社会关系的产物，不了解人的社会关系，就无法解释人的行为。人的社

---

① ［美］W. 理查德·斯科特：《制度与组织——思想观念与物质利益（第 3 版）》，姚伟、王黎芳译，151 页，北京，中国人民大学出版社，2012。

会关系网络影响着人的行为和组织的行为。这一解释与中国文化学者的相关研究暗合，揭示了人情关系的功利性逻辑。①

学校是社会性组织，不是存在于真空中，作为社会结构的一域，无法规避人情关系的困扰，其"社会人"的行为角色，要求它遵从传统的人情法则。"有关系就没关系"的文化传统和人情法则，客观上影响着个人和组织的决策行为与价值取向。

总体来看，学校决策行为的价值取向有其实践的理由，遵从着实践的逻辑。这种实践逻辑，本质上是组织理性的体现与内在要求。任何组织都不是无理性的存在，组织行为总是隐含着其理性的追求，如表 3-2 所示。

表 3-2　学校决策价值取向的实践逻辑

价值取向	理性	机制	着眼点
行政取向	制度理性	合法性机制	组织环境
功利取向	工具理性	利益机制	利益关系
关系取向	传统理性	人情法则②	人情关系

学校决策的行政取向，进一步分解，可以看成是制度理性，它遵从的是合法性机制。合法性机制要求组织不仅寻求竞争中的效率，更要寻求组织环境中的规范性的文化认可，从而获得合法性来源并且赢得更多的资源，以利于组织的生存、延续和发展。学校决策行为的功利性价值取向，体现的是一种工

---

① 张云昊：《基层政府运行中的"过度关系化现象"——一个政府行为的组织制度与关系网络的竞争逻辑》，载《华南农业大学学报（社会科学版）》，2010(3)。

② 按照制度学派的观点，关系取向的内在机制被称作社会网络机制，即社会网络关系制约着存在于其间的人的社会行为。在中国当下社会的语境中，"人情法则"比"社会网络机制"更能直白地表述其中的含义。

具理性，遵从的是利益机制。学校决策中的功利性追求，是学校组织生存伦理的体现。在特定的组织环境中，偏向于功利的一端，正是学校组织对于外在组织环境的折射与反观。学校决策行为的人情关系取向，体现的是一种传统理性①，也是学校组织的社会适应性的体现。学校决策行为的教育性取向，体现的是学校组织的专业理性。学校组织的最大特性是其教育性，育人是学校组织存在的意义与目的，是学校价值的最高准则也是最终追求。关于学校决策的教育性取向，将在第四章进行讨论。

综上所述，学校决策的逻辑包含三个方面：一是从学校决策的形成机制来看，学校的价值取向是决策主体的价值偏好、学校的组织理性、社会主流价值观相互作用的结果，并最终以学校组织理性的方式表现出来；二是从学校组织理性来看，基于"政治人""经济人""社会人"的人性假设，在学校决策实践中呈现出三种负面的价值取向，即行政取向、功利取向和关系取向；三是从这三种取向背后的实践逻辑来看，是合法性机制、利益机制和人情法则共同作用的结果。

在制度学派看来，影响组织和个人行为的主要是制度环境，在这种理论视野中，个体及其差异被消解了。合法性机制及其对人和组织的约束成为解释的逻辑。在古典经济学派看来，人是理性的动物，以追求利益和利益最大化为目标，在这种理论视野中，个体的社会关系被抹去了，个体被抽象成为单

---

① 赵汀阳在《天下的当代性》中提出"关系理性"的概念，也可作为一种解释。

纯的"经济人"，只见树木，不见森林。利益最大化和效率机制是个人或组织的行动逻辑。从社会网络理论来看，组织和人的行为受到社会关系和网络的影响。其影响的机制可能是自觉或不自觉的社会化过程，比如传统的人情观念，也即韦伯关于社会行为的传统理性，是"社会人"的实践逻辑。

进一步分析，这三种机制是基于学校组织的理性——在特定的场域，学校组织为了自身的生存、延续和发展而采取合乎自身利益的行为准则。无论是行政性取向，还是功利性取向，或者人情关系取向，学校决策行为的背后，都暗含着这样的理由：为了学校自身当下的生存和发展。学校决策中，基于合法性机制的行政取向，是为了获取上级行政的社会认可从而获得更多的办学资源；基于利益机制的功利取向，是为了取得现实的、即时的、与自身密切相关的利益，以保证学校组织在竞争中的优势地位；基于人情法则的关系取向，是为了争取社会资源，获取社会地位，适应社会环境，更好地生存与发展。

分析学校决策价值取向的理论逻辑与实践逻辑，意在揭示影响和决定学校决策价值取向的深层因素，并在其中找寻理论的和现实的源由，并加以反思和批判。研究发现，实践中决策者们所宣称的价值观与其实际的价值取向并不总是保持一致的，甚至走上相反的方向，究其原因是所处环境的生存压力。"从根本上说，组织是一种调整自己适应所处环境以求生存的社会群体。对组织的维护本身会成为组织的目标。"[①]所以组织

---

① ［美］W. 理查德·斯科特、杰拉尔德·F. 戴维斯：《组织理论——理性、自然与开放系统的视角》，高俊山译，69 页，北京，中国人民大学出版社，2011。

不能单单被看作一种工具，有时候还应该把它看作目的本身。这是组织的生存伦理。当组织面临生存压力时，它的目标会发生变异，甚至背弃既定目标而选择生存自救。在这个意义上，组织自身从手段变成了目的。当上级行政之手越过应有的边界，当人情关系与权力、利益结盟，学校决策已有不可承受之重，自然而然地向权力、利益和人情关系倾斜，学校的目标追求发生偏离，呈现不应有的价值取向。因此，学校决策取向中教育性的失落、价值理性的式微，其背后有现实的根源和内在的压力，需要我们反思和检视。学校决策的价值取向折射出教育的价值取向，甚至透视出当下我们所处的社会的价值取向，值得反思和审视。

第四章
学校决策的价值目标建构

> 我们已经羁绊在手段的罗网之中，而忘却了我们的目的。

——[德]艾·弗洛姆

前三章研究了学校决策中面临的价值困境与价值冲突，剖析学校决策实践中的价值选择与价值取向，并且揭示价值取向背后的理论与实践逻辑。这是对学校决策价值取向的实然状态的研究。但是事物"所是"的方式，并不决定它们"应当所是"的方式。任何研究都不能也不应该停留在"实然"状态，必须做出"应然"的回答，站在"实然"的此岸，遥望"应然"的彼岸，并在"实然"与"应然"之间找到连通彼此的桥梁与路径，在理论与实践中展开对话，通过对话最终寻求二者的一致性。对于"实然"而言，重要的是揭示其背后的深层次的原因，以期找到解决问题的办法；对于"应然"而言，重要的是描绘超越现实性、超越功利性、引领未来的图景与价值指引；对于"实然"与"应然"之间的"能然"而言，重要的是探寻一条理想与现实之间可行的路径。

第一节　学校组织的社会定位与价值定位

构建学校决策的价值目标可以从两个维度来入手。一是从学校的社会定位推导出学校决策价值取向的"应然"目标，二是从学校决策的价值定位来推导其"应然"目标。

一、学校隐喻与学校组织的社会定位

关于学校的诸多隐喻，曲折地诠释着学校组织的社会定位。比如，学校不是工厂，也不能是工厂，但有些学校何其像个工厂。从西方传来的班级授课制本身就是工业化的产物（中国古代是因材施教的私塾教育和书院教育），期望通过标准化生产培养标准化的人才。学校的学制、课程、教材、教学、管理，大同小异，千校一面，千人一面，缺乏多样化的学校，缺乏多样化的教育，也缺乏多样化的人才。这些教育产品经过同一个模子出来，被磨平了个性，可能也被抹杀了创造力。学生在这个过程中更多的是被教育，"生长"被"制造"所代替，"存养"被"规训"所代替，"教化"被"管理"所代替。学生的主体性被忽视，个性和差异性被漠视，学生缺乏选择性，学校缺乏生气，教育缺乏活力。这个"大工厂"追求数量甚于追求质量；追求规模甚于追求内涵，在一些地方，万人中学、百人班级也不

鲜见；追求升学甚于追求育人，学生成为考试机器，教育异化为工业，学校异化为培训机构，教育的温度消失在冰冷的规训之中。教育是慢的艺术，但在竞争性极强的教育环境下，速度带来的压迫感已经让学生不堪承受。

学校不是商场，教育也不能是商业，因为商业化的学校教育必然会带来两个问题：一是急功近利，二是唯利是图。但是有些时候教育实际上很像商业，教育者和受教育者很像是交易关系，你付出教育，我付出钞票。若干年前提出的教育产业化，实际就是教育商业化的翻版，在市场上公开叫卖教育，很大程度上损害了教育的公益性。

学校也不是服务机构。大的产业分类把教育定义为服务业，有其合理性，但教育不是一般的服务业。服务业讲究服务第一，顾客至上。教育是教书育人，是教育人、培养人而不是简单地服务人。教育有教育的尊严，教师有教师的尊严，学校和家长之间、教师和学生之间绝不是服务与购买服务的关系。将教育等同于服务业使得教育的专业性受到漠视，有损教育的责任和使命乃至神圣与尊严。教育被矮化了。

学校更不是行政机关。但是很多学校行政化色彩很浓，官僚制的烙印很深。一所大学的校长助理可以多达十几人，一所中学的校级领导可以有五六位，也有的学校成了组织部门安排干部的地方，以至于出现乡镇书记转来学校当校长……凡此种种，不一而足。一些行政管理的手段也自然引入校园，如文山会海、上班签到下班打卡、末位淘汰、应付检查、形式主义等。当行政侵凌学术，当管理取代教化，当规训代替人文，学校已异化为自己的对立面。

由上，学校组织的社会定位极其模糊，边界不清晰。另外，学校定位受到教育定位的影响，教育自身的社会定位也不清晰。按照上层建筑与经济基础的二分法，有人主张教育是上层建筑，是意识形态，属于政治领域的一部分；有人主张教育是经济基础，将教育列为第三产业，属于经济领域的一部分。教育的社会定位决定着学校的社会定位。学校的社会定位又决定着学校的价值定位，也决定着学校决策的价值取向。其实教育是区别于市场领域和政治领域的第三部门，既不属于政治领域，又不属于经济领域，而属于社会领域，是社会公益事业。这一领域与市场领域和政治领域有一定的交集，但又具有很大的独立性。"学校及其他教育机构是介于政府和企业之间的非营利性社会组织"①，区别于政府组织与企业组织，它面向社会提供公共产品，其社会定位有如下特征。

一是非行政性特征。教育属于社会领域，并不属于上层建筑的范畴。学校不是机关，不是行政组织，学校也不是政府的附庸，而是独立的法人实体。行政组织讲究的是程序、规矩、制度、权威，强调的是服从与执行，是叠床架屋的科层体制。学校是学习型、专业性组织，教师职业的特殊性要求管理中体现更多的对话与协商、开放与民主、创造与开拓。所以学校决

---

① 劳凯声：《社会转型与教育的重新定位》，载《教育研究》，2002(2)。

策不能采取行政的价值取向，应该去行政化。

二是非经济性特征。教育不属于经济基础的范畴。学校不是企业，不能以谋利为目的，公立学校不应该进入市场，即便民办教育也不能产业化，学校不能企业化。企业讲究的是成本、效率、效益，教育行为是复杂的、长期的社会实践活动，不能以用简单的经济成本、效益管理办法来管理学校，更不能以升学率、分数等片面的量化指标来评价教育行为。学校决策价值取向应该去功利化。

三是非商业性特征。教育是社会事业和准公益性事业，完全有别于商业。商业讲究的是交换、买卖、逐利。学校是社会事业单位，提供的是准公共产品和服务。教育有自身独特的专业尊严，教师有自己独特的职业尊严，不应该受到社会网络中各种人情关系的困扰和侵袭，学校决策的价值取向应该去人情化。

四是教育性特征。学校是教育性组织，以培养人为旨归，学校的一切管理与决策行为本身即具有教育意义，决策的目标与结果两个维度都关涉人的培养。学校决策应该以人为本，以师生的发展为本，将人的发展作为出发点和落脚地，关怀人的成长。学校组织区别于其他类型组织的主要特征在于，学校的产品是人而不是物。学校是培养人的地方，人不是器具，正所谓"君子不器"。中小学校培养的是未成年人，是正在发展中的人。我们今天有什么样的教育，学生就有什么样的未来。另外，学校教育通过教师来培养学生，通过教师的发展来促进学生的成长。在这个意义上，教师作为人，虽然具有培养学生的责任，有育人的使命，但也不能成为学生成长的工具。人是目的本身，任何人都不能成为工具，教师本身也应该获得发展。教育是心灵与心灵的碰撞，是人格与人格的涵养，只有教师的发展才有学生的成长。教师和学生一样都应该获得不断的发展与成长。因此，学校作为特殊的社会组织，作为立德树人的育人场所，具有教育性特征。

总之，从组织的社会定位来看，学校非行政性、非市场性、公益性、教育性的社会定位，决定着其决策的价值定位：应该去行政化、去功利化、去人情化，以教育性作为学校决策的价值追求。

二、教育人假设与学校决策的价值定位

（一）教育人假设

学校决策的价值定位，是基于"教育人"的人性假设。如果将眼光收缩到学校教育与管理领域，并在此领域内观察学校决策及其价值取向，我们可以提出一个新的假设——姑且称之为教育人假设，从教育的视角来反观学校决策的价值取向。所谓教育人假设，是指在学校教育的特定场域中，学校教育工作者的一切行为都充当教育的手段，蕴含着教育的信息和要素，具有育人的功能，潜移默化地影响着受教育者。在学校场域中，只有两种人：教育者和受教育者。这二者之间结成"一种有着内在关联的价值关系——教育者工作的意义在引导学习者的健

康成长中体现出来"①。教育人假设的主体既指教育者，也指拟人化的学校组织。学校教育的终极目标是培养人。学校教育中的一切活动都以育人为旨归，学校管理及决策行为也因此具有二重性，既有管理的属性，也有教育的属性。换言之，学校管理不同于其他领域管理的最大特点就是人在管理中的地位。在学校管理中，人是管理的目的而不是手段，人是管理的起点也是管理的终点，一切管理活动都应该具有教育性。决策作为管理的核心，必须考虑其目标、手段、方法、后果等与育人之间的关系，一切均要以育人为本，以师生的发展和成长为本。这是学校组织的使命，也是学校的专业理性追求。

教育人假设是笔者提出的在特定的学校场域中的人性假设，从学校教育价值理性的高度来观照学校决策行为，具有更高层面的伦理意义。

学校决策大体上可以分为两类：一类是关于"事"的决策，另一类是关于"人"的决策。其实在学校教育中，一切关于"事"的决策，同时也都是关于"人"的决策。学校管理中的人、财、物、信息、时空等要素都和育人相关，没有纯粹脱离育人的事和物，正所谓教书育人，管理育人，服务育人。因此，也没有什么学校决策是和人无关的决策。学校决策是由人做出的，其过程和结果也都与人相关。在这个意义上，我们说，学校组织的拟人化行为角色，应该具有特殊的规定性——区别于"经济

---

① 石中英：《教育中的民主概念：一种批判性考察》，载《北京大学教育评论》，2009(4)。

人""社会人""行政人""决策人"的属性，即"教育人"的属性。学校决策当然应该考虑特定的利益关系，但不应该仅仅以利益、权力、人情关系等为取向，而应该首先以教育关怀为价值取向，以不损害教育性的价值目标为前提。

基于教育人假设，我们将教育性确定为学校决策的首要价值目标。教育性是学校这种社会组织区别于其他社会组织最基本的也是最根本的特性。"学校里的一切工作、一切关系、一切活动也都应该基于并体现教育性原则，否则学校就不成其为学校，教育也就不成其为教育了。……作为一种有着特殊价值指向的关系特性，教育性概念总是意味着教育者通过运用自己所掌握的专门知识及所具有的良好品格对于学习者身体、心智、人格与精神成长给予鼓励、引导和帮助，以便他们有可能健康地成长，趋向于成长为完整的、独特的和具有丰富人性的人。"①学校教育的全部意义就在于培养人、促进人的全面而有个性的发展。教育的使命就是关怀人和人的成长，启迪人的心智，发挥人的潜能。它的内在追求是对人的全面关怀，一切为了人，为了人的一切；在教育中，人是主体，人在中央，人是教育的出发点和归宿点，人是教育的全部。这是学校决策教育取向的价值理由。学校决策以育人为最高旨归，人不仅是决策的客体，也是决策的主体；不仅是决策的载体，也是决策的目的。学校决策是为了关怀人的成长。

---

① 石中英：《教育中的民主概念：一种批判性考察》，载《北京大学教育评论》，2009(4)。

从管理哲学的角度来看，管理也是一种文化，它具有教育的功能和意义。美国管理学家彼得·德鲁克(Peter Drucker)认为，管理不只是一门学问，还是一种文化，它有自己的价值观、工具和语言。①管理与决策的思想是科学的还是经验的；决策体制是集权的还是分权的；决策形式是专制的还是民主的；决策环境是开放的还是封闭的，是理性的还是情感的……都在一定程度上充当了教育学生的信息要素，对学生的价值观念、思维方式和行为准则都将产生潜在的影响。学校管理与决策是一种价值活动和道德技术。福柯和鲍尔都曾把管理学视作一种道德技术(moral technology)，教育管理的批判理论家福斯特也认为，与其说教育管理学是一门科学，还不如说是一门道德科学。管理和决策这类问题，与其说是要考虑其科学性要求和有效性问题，倒不如说是要重视其是否符合道德的问题。事实只有通过我们的价值才能被确认，不论做什么决策，都有要受到其相关价值的影响。每个关于"是"(isness)什么的决定同时也是对"应该"(oughtness)是什么的解释。诚如迈克尔·富兰(Michael Fullan)所说："教育是一项道德的事业，学校的全部工作是一种道德的努力。"②萨乔万尼也认为，虽然学校管理与决策也存在"科层的"和"人际的"领导方式，但这只是学校管理与决策的初级阶段，只能解决学校管理中的部分问题。他认为

---

① 陈孝彬：《教育管理学》，87页，北京，北京师范大学出版社，1999。

② ［加拿大］迈克尔·富兰：《学校领导的道德使命》，92页，邵迎生译，北京，教育科学出版社，2005。

应该将道德领导置于学校管理的核心地位。正是在这个意义上，教育性价值目标应该成为学校决策的首要目标。

(二)学校决策的教育性特征

学校决策的教育性指向可以从两方面体现：一是学校的宏观决策，指向育人——以育人为目标；二是学校的微观决策，指向人——以人为本，将师生放在决策的中心。

从学校宏观决策来看，学校决策的教育性取向，就是要始终指向学校的育人目标。比如，有的地方政府为了拉动新开发区的人气指数和经济指数，强行将一些名校整体搬迁，其最终指向是经济的目标，而不是学校的育人目标，这在某种意义上是经济取向而非教育取向。

下面以电脑派位入学为例，来审视学校决策的教育性。电脑派位入学是时下义务教育学校和民办学校选用的入学方式之一。据称是从香港学来的，早先在上海、广东地区试行，现在被全国多数地区采用。电脑派位是在报名数大于学位数的学校选用的一种入学方式，主要解决学位的合理分配问题，也是缓解"择校热"的对策之一。根据《中华人民共和国义务教育法》，义务教育阶段的中小学不允许举行任何形式的选拔考试，一律免试就近入学，然而，由于同一区域内学校办学水平难免参差不齐，如何就近入学，似无周全之良策。根据《中华人民共和国民办教育促进法》，民办中小学享有招生自主权，在实践操作中，自主招生与免试入学之间存在矛盾和冲突，如何化解，也无良方。于是在这种两难背景下，电脑派位成为一种政策选择。

电脑派位入学追求的是一种均等的入学机会，其正当性不言而喻，但从教育学的立场来看，也可能给学生带来微妙的负面影响。电脑派位的教育隐喻是什么？或者说这种入学方式可能传递的价值观是什么？入学方式本身蕴含着教育的意味，选拔考试鼓励的是学业竞争，划片入学强调的是社区环境，贵族学校隐含的是经济优先，等等。电脑派位被老百姓称为"摇号"，强调的是运气、机遇和偶然，这就是它的隐喻。这种入学方式，使得学生缺乏一种荣誉感，缺乏主动选择的内在动机，从教育的意蕴来看，有着微妙的负面影响，其在某种程度上有违教育的价值追求。

如何解决入学方式的两难，需要教育伦理的关怀。首先，要有教育情怀。从教育政策的角度来看，电脑派位入学是教育公平政策语境下的选择。但是，毋庸讳言，电脑派位是一种简单公平，也是机械公平、形式公平，这种简单公平是一种古老的公平方式。对于教育而言，是无奈之举，似无教育智慧可言。教育有自身的特点，我们在选择实现教育公平的路径的时候，一定要考虑教育性原则。电脑派位入学隐含的"运气、随机、偶然"等意味，显然在一定意义上有违教育的内在价值追求。当未成年人因为没能上一所自己心仪的学校，而哀叹自己命运不佳的时候；当有人对那些通过摇号而非自身表现被录取到某所学校的学生表示不屑的时候；当家长在电脑派位之日去求神拜佛的时候……从事教育的人应该深入反思，我们究竟应该给孩子们一个什么样的引导，我们的教育政策和教育行为究竟应该暗含何种教育意义，教育管理应该遵循什么样的道德和伦理？教育政策和教育行为本身是教育的一部分，表达着一种教育价值观，传递着一种教育哲学，对学生的成长有可能产生潜在影响，因而必须要有教育伦理的关怀。

其次，需要实践智慧。我们讨论教育伦理，应该是要建立一种实践关怀的伦理，而不是纯粹的、真空的伦理。现实情况比理论要复杂得多。特别是教育伦理，不能简单地去取舍，而要在体验、了解、理解、同情的前提下进行分析。教育伦理不是冷漠的正确，不是象牙塔里写出的文章，不是现实中的乌托邦，最终应该有实践的温度、现实的关怀、泥土的味道。不能为了公平而公平，也不能解决一种不公平，又产生新的不公平。选择何种入学方式，要实事求是，因地、因时、因校制宜，不能一刀切和简单化。要区别义务教育和非义务教育阶段学校、公办学校和民办学校。一般来讲，民办学校应该按照《中华人民共和国民办教育促进法》规定的自主招生权，允许学生和学校双向选择，或适度引进市场机制（如学费等）来调节。非义务教育阶段学校不适合电脑派位，应该通过选拔的方式，用竞争的机制来双向选择。现在有些地区实行高中学校联合招生，用电脑派位的方式将学生随机分配到高中学校，这种做法值得商榷。公立义务教育阶段学校，原则上应由政府按就近入学原则合理分配学位。如果同一区域学校办学水平差异不大，再考虑电脑派位入学。

从根本上说，伦理并不解决公平问题，或者说伦理并不能从根本上解决公平问题。目前产生的择校问题，本质上是优质教育资源不足、校际办学水平差异过大的问题。电脑派位表面上解决了家长的择校热，却没有解决家长择校的背后动机，没有解决真正的问题。家长的动机是追求好的、合适的教育，追求优质的教育产品。

因此，政府应着力从提高办学质量上解决校际差异和教育公平问题，而不是简单地以电脑派位来掩盖学校之间事实存在的办学水平的差异。

通过发展来解决教育公平是求本之策。真正的教育公平不是掩盖差距，而是缩小差距；不是抹杀差异，而是尊重差异；不是剥夺选择，而是鼓励选择；不是被动选择，而是主动选择。

真正公平的教育应该满足两个原则：一是让所有的学生在起点上接受大致平等的教育，二是让学生自己选择适合自己的教育。

如果同一区域的学校水平相当，就不需要考虑入学方式的问题；如果同一区域的学校水平相当而又各具特色，反而应该允许学生主动选择适合自己的学校。唯其如此，才是一种真正道德的、符合伦理的入学方式，并将正当与善、动机与结果、手段与目的、权利与自由、平等与选择、应当与所是，自然地结合在一起。

如果学校之间的办学水平差异过大，就不是入学方式的问题了。要从学校管理、师资队伍、教育教学等方面去解决问题，而不是简单比期望通过随机的入学方式，来消解校际办学水平的差距。

因此，电脑派位只能是一种权宜之计，只能是一种策略，而不宜是政策。因为它只暂时解决了入学的机会平等问题，却没有解决实质平等的教育公正问题，也必然不能促进学校之间的良性竞争、高位均衡和可持续发展。发展才是解决问题的真正出路。

因此，也许只有当学校之间的差异不大、水平相当时，具有随机选择功能的电脑派位入学才是一种可选择的入学方式。而当学校间的办学水平差异较大时，应该慎用电脑派位入学的方式，要充分考虑到这种入学方式的限度，充分考虑采用这种入学方式的限定条件，充分考虑这种入学方式所蕴含的伦理意义，真正体现教育的公平与公正。

所以学校决策的教育性取向，体现的是政策制定和执行过程中无处不在的教育关怀。学校管理与决策毕竟不同于一般的公共管理和决策，在决策中，始终要看教育在哪里，是不是将育人置于决策的首要目标之中。

从学校的微观决策来看，其教育性价值取向，就是始终要以师生为本，以学生的发展为本。在学校大量的"微决策"中，特别是关系到师生的切身利益的事情，需要以人为本的教育关怀。然而，在学校管理实践中，不是所有的行为都具有教育性。下面以学校中的一些"微决策"的事例来审视学校决策的教育性取向。

　　例如，学生的学号和花名册究竟如何排序，是一个两难的实践问题。笔者在相关文章中做过论述："过去一般的学校都是按照入学成绩为序排定学生的学号，有人觉得公平，其实等于给所有学生贴上标签，特别对于学号在后面的同学是三年无形而沉重的心理压力，甚至是一生的阴影。其实每个学生的发展都是动态的，特别是在未成年阶段，我们不能人为地去贴标签。我们现在采取的是按照姓氏音序排序，当然中国惯例更多的是按姓氏笔画顺序，考虑到电脑排序的方便，我们选择了国际惯例。这件事看起来很小，其实也很大，因为它确实会影响学生的心理健康；这看起来是个技术操作问题，其实隐藏着教育哲学观、学生观和管理观，也隐藏着教育的一份温暖。最近在一本外文书上读到一篇文章，认为美国政界、商界、科学界名人姓氏的首字母是 A—K 的，比首字母是 L—Z 的，比例要大得多；文章认为这和美国学校按姓名首字母给学生排序有关，排在前面的学生受到教师的关注度会更高，并谓之字母歧视。这又引起更深层次的思考：按姓名排序是否是最好的，是否也隐藏着潜在的问题？还有没有更合适的办法？"[①]

　　又如，学生的分数条问题：学生考试成绩是学生的隐私，仅限于教师和学生本人了解和掌握教与学的情况，家长作为监

---

　　① 汪正贵：《教育的温度》，载《中小学校长》，2013(1)。引用时有改动。

护人，也有知情权。"所以每次家长会，我们都要求班主任老师将每位同学的各科成绩和排名情况分别打印在一张小小的纸条上，只有这位同学的成绩和排名，而不是全班同学的成绩和排名。然后放在信封里，交给学生和家长。其实排名并没有错，排名的目的只是让师生和家长进一步了解教与学的情况，不能作为其他用途，更不能作为评定学生的唯一标准，分数是学生的隐私，一张小小的分数条也隐藏着教育的温暖。关于分数，也蕴含着教育伦理。王栋生老师说，他从来不给学生 59 分，以免家长责罚孩子；也不会给学生 60 分，因为 60 分容易让人以为是照顾学生给的分；他会给学生加至 61 分，让学生在家长面前好交待。也说，如果真有学生不及格，课堂上发试卷的时候会将这张试卷悄悄扣下来。等课代表发完试卷，王老师会说，哦，还有张试卷忘发了，并且会将分数折藏起来，亲手发给学生。这些细节之中，隐藏着王老师的教育情怀，让学生感受到内心的温暖。"①

再如，学生的"自由着装日"也是一所学校管理决策风格的体现。"我们的学生有四季校服，有正装、运动装，很漂亮，同学们也很喜欢穿，每逢集会，整齐划一，很有气势。但我想，同学们也一定有自己特别喜欢的衣服，有自己钟爱的颜色，也一定想有机会在同学和老师面前展示自己心爱的衣服。试想，一个人从小学到高中毕业，永远穿着统一的校服，不一

---

① 汪正贵：《教育的温度》，奉《中小学校长》，2013(1)。

定是件令人愉快的事。有两件事加强了我的这种看法。一是高三学生毕业了，暑期来学校领取大学录取通知书，他们穿着自己有个性的衣服，五颜六色，令人眼前一亮，每个学生身上洋溢着个性与活力。二是我去美国中学访问，很多美国学校没有校服，他们的校长告诉我，着装是学生的权利和自由，而且学生服装的颜色与他们心灵的颜色有关。即使是奇装异服，也与品德无关。后来我征求学生和老师意见，规定每周一升旗仪式和重要集会着正装，周二至周四可穿校服运动装，每周五为自由着装日，学生们可以穿着自己喜欢的服装，也是校园一道风景线。也让学生的着装权得到一定程度的尊重，爱美之心得到一定的表达。统一与个性之间如何兼顾，规则与人文之间如何协调，是管理的艺术，其中也包含着教育的温暖。"①

　　这些存在于学校日常管理中大量的"微决策"，与学生的利益息息相关，与学生的成长密切相连。这些决策是否具有教育性，关键看人在哪里，决策者是不是真正以学生为中心，是不是始终将人和对人的关怀放在决策考量的首要位置上，是不是采用教育的方法而不仅是管理的方法。上述案例充满了教育的关怀、人性的温度，体现了学校决策的教育取向。

　　(三)学校决策的价值定位

　　根据上述分析，学校决策的价值定位可以从三个层面进行分析：一是教育层面，二是功用层面，三是伦理层面。

———————

　　①　汪正贵：《教育的温度》，载《中小学校长》，2013(1)。

教育层面的维度是指学校决策的教育性，即学校决策的根本目的是有助于实现学校的办学目标和育人目标，这是学校决策的最高旨归，属于学校决策的目的之维度。我们甚至可以说，在学校决策的价值选择中，教育性并不仅是一个维度，而是一种介质，弥散在学校决策的整个过程之中，指引和统领着决策的最终价值取向。

功用层面有两个维度：合理性与有效性。合理性是指决策的合规律性，指决策手段、方法、过程的科学性，属于学校决策的手段之维度；有效性是指决策的效用性，指决策结果的功用、效能，属于学校决策的结果之维度。学校决策的有效性和合理性是较低层面的价值目标，其中，有效性是建立在决策的合理性之上的。任何决策只有尊重和符合事物本身的规律和人的认知规律，才可能是有效的。这也是学校决策去行政化、追求学校决策的合规律性和有效性的价值追求，不能以行政和权力代替科学和规律。

伦理层面有两个维度：合法性与正当性。合法性是指决策的形式、程序、机制的民主与合法，属于学校决策的形式价值之维度；正当性是指决策的实质、内容的公平正义，属于学校决策的实质价值之维度。学校决策的合法性和正当性是较高层面的价值目标。决策形式的合法性与结果的正当性，是学校决策"去人情化""去功利化"的基本保证。

功用层面和伦理层面是学校决策的重要两维，本质上反映着学校决策的工具价值与目的价值、外在价值与内在价值、形式价值与实质价值、现实价值与终极价值的不同取向，也是义务论与非义务论在学校决策中的内在体现。这两个层面的价值取向是并行不悖的。最终二者统一于学校决策的目的之维——教育性的价值追求，于是，对立统一形成了，二者之间的张力得到了控制与协调，其中的分野找到了相互的衔接点。

第二节　学校决策的价值目标模型

依据学校组织的社会定位和学校决策的价值定位，我们构建"科学、正义与关怀"三位一体的学校决策价值目标模型。[①]科学是学校决策的工具理性目标，是指学校决策手段的合理性与结果的有效性；正义是学校决策的价值理性目标，是指学校决策形式的合法性与实质的正当性；关怀是指学校决策的教育性目标，也是学校决策的终极目标——关怀人的成长，促进人的发展。该目标结构如图4-1所示。

这三位一体的价值目标之间的逻辑关系如下：学校决策的最终价值目标是教育性目标——关怀（具体表现为关怀人的成长）。要达成这个最高目标，必须遵循两条并行不悖的路径：

---

① 萨乔万尼把领导与管理的方式分为五种：科层的，心理的，技术—理性的，专业的，道德的。前三种管理方式基于权力、外部奖赏和管理技术；后两种管理方式基于专业精神与共享价值观。这一理论可能给学校决策价值研究的启示是：可以把学校决策的价值目标分为三类：方法的科学性（表现为手段的合理性和结果的有效性），过程的正义性（表现为形式的合法性和实质的正当性），最终达成学校决策的教育性目标。这也与韦伯的价值理性与工具理性的分类方式相融。参见［美］托马斯·J.萨乔万尼：《道德领导：抵及学校改善的核心》，39～42页，上海，上海教育出版社，2002。

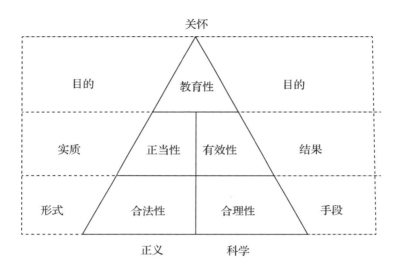

图 4-1   学校决策价值目标模型

一是方法科学（表现为手段合理性与结果有效性），二是过程正
义（表现为形式合法性和实质正当性）。科学和正义目标并行不
悖，是达到最终教育性目标（关怀）的两个基础性目标，是通
往教育性目标的两块重要基石。

一、科学：合理性与有效性的统一

本文所指的学校决策的科学性目标，是指学校决策的工具
（技术）维度上的合理性和有效性。具体体现在以下几个方面的
统一。

第一，学校决策的科学性目标是规律与效率的统一。学校
决策的科学性目标取向就是把决策做正确，具体指的是手段的
合理性和结果的有效性。有效性追求是学校决策的基本价值属
性，任何决策都追求效率、效用、效益，追求目标达成。管理

和决策就是整合一切资源，运用科学的方法和手段，高效地实现其目标的过程；是发现问题、确定问题、解决问题的过程。质量、效率、有效性等是管理和决策的基本价值目标。李凯尔特（Heinrich Rickert）认为价值的实质在于它的有效性，而不在于他的事实性。①这揭示了价值的特点，即价值总是表现为一种功效性。学校决策的有效性遵从效率准则，即以最恰当的手段取得最佳的结果。"从广义上说，有效率无非是指采用最短的路径、最廉价的手段达到预期标的。效率准则不关心要达到什么标的，它对于价值问题完全持中立态度。"②

实现学校决策的有效性，其前提是决策的合理性，即决策的合规律性。决策既是一门科学，有规律可循，也是一门技术，有章法可究。科学的方法和手段可以实现决策的效用目标。它所关注的是决策的技术层面，主要研究的是决策的对象——事情本身，重视决策的技术、方法和理性。决策的合理性要兼顾内在尺度与外在尺度的统一、应然与实然的统一、主观与客观的统一，宏观上要尊重事物的客观规律，微观上要重视决策程序的科学性。学校决策有效性与合理性是组织理性的内在要求。

第二，学校决策的科学性目标是决策模式与决策技术的统一。"决策是对所有组织功能与任务进行理性管理的一般行动

---

① 王玉樑：《21世纪价值哲学：从自发到自觉》，311页，北京，人民出版社，2006。

② ［美］赫伯特·A.西蒙：《管理行为》，11页，詹正茂译，北京，机械工业出版社，2013。

模式"①，它有自身的客观规律性。从决策模式上讲，研究者提出了古典模式、管理模式、渐进模式、混合扫描模式四种模式可供选择。古典模式（classical model）的决策理论，假设决策是完全理性的，即寻找最优方案以最大化地达成目标，这是一种理想化的规范性模式，是一种最优化策略，在学校决策实践中几乎难以见到。管理模式（administrative model）的决策理论提倡的是一种满意策略，即有限理性决策，寻找令人满意的而不是最好的对策，其理论假设来自西蒙的有限理性。渐进模式（incremental strategy）是持续的有限比较策略，林德布洛姆最早提出了这一决策模式，这一模式是指持续的对现有政策进行渐进的改变和修正，只是关注那些与现实情况相近的、少数的、有限的备择方案，进行持续不断的比较和选择。它的理论假设是，小的渐进式变革不会产生重大的消极后果，容易被接受，具有更高的可接受性。这一模式大大减少了备择方案的数量，在实践中也具有很强的操作性和可行性。哥伦比亚大学社会学教授阿米泰·埃兹奥尼（Amitai Etzioni）提出混合扫描模式（mixed-scanning model），也称综合模式。该模式是对理性的管理模式和现实性的渐进模式的综合，将管理模式的合理性与渐进模式的实用性结合起来，即对一般信息进行扫描，然后在此基础之上对重要信息进行深度的分析。学校决策模式是从范

---

① ［美］韦恩·K.霍伊，塞西尔·G.米斯克尔：《教育管理学：理论·研究·实践（第7版）》，范国睿主译，289页，北京，教育科学出版社，2007。

式的层面进行的界定。

另外，从决策的技术与过程来说，决策一般包括界定问题、分析困难、寻找对策、制订方案、启动方案、评估实施结果等基本过程。在决策过程中，应该遵循其内在的客观规定性。在界定问题环节中，既要看到问题的表面，更要看到问题的实质，既要看到即时问题，也要看到长远问题。在分析困难的环节中，要将问题进行分类，学校决策中的问题有两类：一类是普通问题，可以通过学校既定的规则章程来决策；另一类问题是特殊问题，不能通过现有的一般的原则与规则予以解决。在问题解决过程中，不能以老办法去解决新问题，也不能将常规问题视作独特事件。在寻找对策阶段，必须明确决策的目标，这一目标不仅是可以接受的，而且是正确的。在制订方案的环节必须提出若干备选方案并择善而从之。在启动方案和评估实施过程环节，要注重监控与评估，关注决策的可执行性。① 有效决策还有很多具体的方法、工具和技术，比如决策树、鱼骨图、头脑风暴、风险分析与控制、SMART 分析法等，本文不再赘述。学校决策的方法和技术是微观层面的，学校决策的模式是宏观层面的，学校决策的科学性目标是将二者有效地结合起来。

第三，学校决策的科学性目标是决策理性与非理性的统一。决策的合理性也指决策的理性。西蒙将决策理性进行了细

---

① ［美］韦恩·K. 霍伊、塞西尔·G. 米斯克尔：《教育管理学：理论·研究·实践（第 7 版）》，范国睿主译，294～301 页，北京，教育科学出版社，2007。

致的分类：一类是客观理性与主观理性，这是就决策依据而言
的；一类是自觉理性与刻意理性，这是就决策手段与目的的适
应性而言的；还有一类理性是个人理性与群体理性，这是就决
策的目标而言的。决策中的非理性主要是指情绪、情感、直
觉、灵感等非理性因素引起的判断与行为。非理性决策不一定
就是不正确的决策，情感与理性也不是完全对立的，但在决策
过程中要注意克服非理性因素带来的决策偏差。

在学校决策中，主要解决两个问题。一是决策者个体层面
要克服情绪决策与主观理性，在处理主观与客观的关系上要遵
从客观规律，在处理创价与代价的关系上考虑决策的风险与代
价。人无完人，个体的决策总是主观理性的，"个人正是通过
组织才得以合乎情理地接近客观理性"①。二是组织决策层面要
克服群体迷思。组织决策或集体决策的一个通则就是它的保守
性，也即群体盲思（group think）："尽管集体决策有利于产生
更好的决策，但是也会产生一个著名的却经常被忽略的团体盲
思——团体以牺牲批判性思维的代价来达成一致的倾向。"②群
体盲思是指决策过程中，群体成员为了追求一致性而牺牲了批
判性精神和创造性想法，从而导致决策的不合理甚至决策错
误。也有的研究者提出了相反的观点，斯通纳在研究中发现，
集体决策中主体在参与讨论以后，似乎更愿意提倡或拥护冒险

---

① ［美］赫伯特·A.西蒙：《管理行为》，詹正茂译，90页，北京，机械工业出版
社，2013。

② 顾剑：《管理伦理》，11页，上海，同济大学出版社，2012。

行为，这实际上是群体决策中普遍存在的群体极化现象。① 群体盲思和群体极化现象都是群体决策应该注意的问题。个体决策与群体决策有着各自的理性限度，应该加以克服。

总而言之，学校决策的科学性维度的价值目标，从价值取向上来说，是工具理性和现实主义的取向，是学校决策一般性的价值追求，即对规律与效率、合理与功用的遵从——将决策做正确。

二、正义：正当性与合法性的统一

学校决策的价值目标之二是正义，古今中外有不同的正义观，本文的正义目标是指学校决策的伦理维度上的合法性与正当性。具体表现为以下几个方面的统一性。

第一，学校决策的正义目标是形式价值与实质价值的统一。②学校决策的正义性目标取向就是做正确的决策。合法性是从决策程序与形式来讲的，正当性是从决策的内容、结果与实质上来讲的。

学校决策的合法性主要是指决策的民主程序，本质上是指决策的可接受性，也即决策的信度，即在多大程度上决策被认可与接受。学校决策的正当性主要是指决策的内容向度上的正当，比如处理个人与集体、手段与目的、长远与眼前、教育与行政、人情与事理等问题时的正当与否。合法性是正当性的外

①　苏曦凌：《行政人的非理性世界——行政政策的非理性维度研究》，14 页，北京，光明日报出版社，2013。

②　罗尔斯在论述正义时提出形式正义与实质正义的概念，也与此契合。

衣，是形式价值；正当性是合法性的内核，是实质价值。学校决策不仅要具有民主合法的程序，更要追求实质与内容上的正当。将二者结合起来，是正义目标的价值追求。

第二，学校决策的正义目标是民主与道德的统一。合法性的基础是民主，正当性的基础是道德；符合民主的程序才是合法的，符合道德的决策才是正当的。

学校管理和决策牵涉的因素繁多，关系到利益各方，学校决策的民主性和合法性追求，是由学校决策的社会属性决定的。决策的过程本质上是相关各方利益的分配、博弈和调整的过程。民主决策意味着通过特定的机制与程序，按照规定的章程与办法，尊重各方利益主体在决策中的作用，从而得到多数人的认可，实现学校决策的合法性。民主是利益各方相互妥协的过程，它注重程序，注重机制，注重协商，注重参与，注重过程。现代学校治理与决策，需要民主的介入，民主是一种力量，民主本身会产生智慧。民主的重要体现是参与性，学校决策需要利益相关者广泛而深度的参与。而在现在的学校管理实践中，往往学校教育中的最大利益相关者——教师和学生，却最没有话语权，成了沉默的大多数。学校决策涉及的利益群体广泛而众多，影响长远而深刻。关涉千家万户，关涉每一个孩子的成长、每一个教师的发展，关涉人才的培养和国力的竞争，关涉国家的利益和民族的未来。因此，学校决策的民主化更为迫切和重要，民主的决策可以最大限度保障大多数人的利益。学校决策的民主化进程刚刚走在路上。

另外，道德是正当性的基础，合乎道德的或者合乎伦理的才是正当的。虽然正当的标准不是永远恒定的，有历史性和发展性的特点，但人类总归有相当稳定的道德观与伦理观。学校决策的道德性不仅是目的的道德性，即以人为本，而且追求手段上的道德性，即教育性。民主与道德是合法性和正当性的两个基本内核。二者之间却也不总是一致的，合法不一定正当，民主不一定道德。民主决策追求的是程序公正与合法，反映的是多数人的利益博弈。但是简单民主也可能变成多数人的暴政，苏格拉底之死就是古希腊民主的污点。法治也可能变成强势群体统治弱势群体的工具，道德关怀的恰是少数人或沉默的大多数（弱势群体），而他们的声音如此微弱，以至于不能在一般民主程序中得到关注。比如，中国农村教育、流动人口教育、留守儿童教育问题长期得不到足够重视，问题得不到有效解决，因为话语权不在他们手中，他们的利益缺乏代言人，他们的声音难以被听见。道德取向关注的往往是弱势群体的利益，或者有时候是少数人的利益；而民主取向试图反映多数人的利益，尽管在很多时候也并非如此。

因此，一方面，程序合法性必须有正当性的实质内容，如果仅仅诉诸程序主义的构想，就有可能使正当性萎缩成合法性，进而丧失道德的维度；另一方面，正当性必须以合法性为基础，如果缺乏合法性的程序支持与制约，则任何人都可以借正当性之口大行其道，"正当性很可能沦为粉饰太平而任意涂抹的'道德口红'"①，进而出现合法性危机。

第三，学校决策的正义目标是手段与目的统一。手段与目的一致性也是决策行为的内在完整性与一致性，有时很难将手段与目的分开。当考虑目的正当性时，并不意味着可以不择手段。手段的正当性应该成为目的正当性的一部分。如果不考虑手段与目的一致性，就可能引发新的问题，带来新的后果。比如，有一所学校为了防止中学生谈恋爱这一似乎正当的目的，采取减少男女生之间交往机会的办法，要求吃饭时男生在一层，女生在二层，平时不准男女生单独相处，否则以违反校纪处理。这似乎达到了管理者的目的，但这样粗暴简单的手段却产生了一系列新的后果，因为这种男女同学的隔绝，也隔绝了真实的世界，隔绝了教育的发生，隔绝了学生成长的机会。再如，为了防止中学生用手机或电脑上网玩游戏，学校明令禁止学生使用电子产品。

在现代社会中，人们往往因为讲求手段，忘记了目的。"原为达到目的而采取的手段，却日益篡取了目的的地位，而目的本身则成为虚影，没有实际的存在性。"②"我们已经羁绊在手段的罗网之中，而忘却了我们的目的。"③我们走得太远，忘记了当初出发的理由。比如学校在管理中，禁止男女生单独交

---

① 周濂：《正当性与合法性之辩——评戴岑豪斯〈合法性与正当性〉》，载《读书》，2014(5)。

② ［美］艾·弗洛姆：《自我的追寻》，孙石译，168 页，上海，上海译文出版社，2013。

③ 同上书，168 页。

往和禁止携带手机上学，本来是防止学生早恋、防止学生不正确使用手机的手段，时间长了，却从手段上升为目的。比如在学校办学中，追求升学质量，这样的目的没错，但是采取加班加点、牺牲学生全面发展的做法，结果走上片面追求升学率的歧途。育人变成善意的摧残，走向自己的反面。

另一方面的情形是完全强调目的，而未充分考虑手段的地位。这种偏差的后果，是使目的变成抽象，不切实际，最后成为一个空想，并且存在产生相反结果的可能。虽然在理论上仍有目的的存在，实际上却变成了一种掩饰，使全部的重点转到为达到目的的手段上，也就是"目的使手段合理化"。① 其实，破坏性手段的后果，是使目的变质，甚至影响到目的正当性。目的与手段应该是一个链条上的两端，存在于时间连续体上，难以分开。杜威认为，"目的只是被视为在远期的一连串行动；而手段只是被视为在近期的一连串行动。…… 目的是所考虑的最后行动；手段是在时间上先采取的行动……手段和目的是相同实体的两种名称。这些名词的意义不是在实体方面划分，而是在判断方面的划分"②。决策是手段与目的的链条环，每一层级的目的可能成为上一层级决策的手段，在这个意义上，更加要求目的与手段的一致性。正如杜威所言，对手段的不考虑，就是对目的的不严肃。目的与手段的一致性是正义目标的内在

---

① ［美］艾·弗洛姆：《自我的追寻》，孙石译，168 页，上海，上海译文出版社，2013。

② 同上书，24 页。

要求。

正义是学校决策的重要价值目标维度，正如罗尔斯在《正义论》中开宗明义地指出："正义是社会制度的首要德性，正像真理是思想体系的首要德性一样。"[①]学校决策的正义维度的价值目标，从价值取向上来说，是价值理性和理想主义的取向，这是学校组织社会属性的反映，是学校决策更高层次的价值追求，即对民主与道德、合法性与正当性的遵从——做正确的决策。

三、关怀：学校决策的教育性目标[②]

关怀作为学校决策的教育性目标，是学校决策的最终价值目标。关怀指向学校教育的最终目的：促进人的发展，关怀人的成长。

第一，关怀是基于学校决策的专业理性，体现以人为本，促进人的发展。学校决策的教育性目标（关怀）的提出，是基于"教育人"的假设，基于学校决策的专业理性。学校管理与决策的目标应该从属于学校的教育目的，并与其保持高度的一致性，其核心是以人为本，人在中央，关怀人的成长。

学校决策中的以人为本有几个层面的意思。第一个层面的

---

① ［美］约翰·罗尔斯：《正义论》，何怀宏、何包钢、廖申白译，3页，北京，中国社会科学出版社，2009。

② 有学者认为教育性价值是教育的元价值，体现了生命发展的价值。教育性价值主要是指教育促进人的发展。其主要体现在三个方面：一是教育促进人个体的发展价值，二是教育促进人的全面发展的价值，三是教育促进人的持续发展的价值。参见杨志成，柏维春：《教育价值分类研究》，载《教育研究》，2013(10)。

含义是以人为中心而不是以物为中心，人不能被物所奴化。以人为本相对应的是以物为本，主要解决的是人与物的关系。比如，学校的场馆是为人服务的，而不是一种摆设，不能为了物而限制了人的活动。有些学校限制师生在体育馆内活动，理由是保护体育馆的木地板。有的学校规定塑胶操场定时开放，理由是保护人造草坪。还有的学校建起了漂亮的校史馆、生态馆、天文馆，由专人管理，却几乎不对学生开放。这是以物为本，而不是以人为本。

以人为本第二个层面的含义是以师生的发展为本。任何人都不能成为手段和工具，人是目的本身。学生不是产品，教师不是工具。其一，学生不是器具，不是生产线上的产品，要将学生当作人来培养，启迪智慧，培育人格，陶冶情操。不能片面化培养，更不能把学生当作器具来塑造。其二，教师不能工具化，教师的职业尊严不能矮化为工具与手段，教师本身也应该得到发展。学校的以人为本，如果只是指以学生为本，就是忽略了教师的存在。因此，政府提倡"百年大计，教育为本"；教育行政部门应该说"教育大计，教师为本"；学校应该说"学校办学，师生为本"；教师则应当说"教书育人，学生为本"。

以人为本第三个层面的含义是指，师生的成长和发展是学校存在的唯一理由，而不是相反。学校是师生的集合体，在师生利益之外，不存在一个超越师生利益之上的所谓的学校利益。不能假师生之名，另寻他利。不能拿师生的荣誉为学校或校长贴金，比如，有的学校炒作高考升学率，将学生的高考录取信息张贴在学校最显眼的位置，或者制作成高考光荣榜，供人参观浏览，却并不尊重学生的意见与感受。也许有的同学并不觉得自己录取的学校是一种荣耀，并不愿意学校将自己的录取信息公之于众。这其实不是为学生的发展着想，而是为了所谓的学校荣誉，甚至可能是为了校长脸上有光。片面追求升学率，加班加点，损害学生身心健康的行为等，其实是假借"为了学生"和"为了学校"之名，损害师生的根本利益。

第二，关怀是基于学校的组织特点，体现一种特殊的决策伦理。关于学校的隐喻很多，在我看来，最恰当的隐喻是家庭，"学校如同家庭，是孩子们成长的特殊地方"①。家的隐喻符合学校的组织特征，也揭示了学校组织的特质：关怀人的成长。

首先，从外在组织形式来看，学校类似于家庭的结构。传统家庭一般由父母、子女、兄弟姐妹等组成。学校也是如此，在中小学里，成人和未成年人共同相处，类似于家庭。在其他组织中，却鲜有如此情形。在学校中，教师会不自觉地充当长辈或兄姐的角色，将学生视同子女或兄弟姐妹。

其次，从组织的维系纽带来看，维系官僚组织的纽带是权力，维系企业组织的纽带是利益，维系家庭的是血缘和亲情关系，维系学校的纽带主要是爱、关怀、责任和义务。学校中的师生关系是一种特殊的人际关系，极其类似于家庭中的父母与

---

① ［美］内尔·诺丁斯：《学会关心：教育的另一种模式（第 2 版）》，于大龙译，9 页，北京，教育科学出版社，2011。

子女的关系。在师生关系中，由教育的本质生发出维系这种关系的纽带是爱、关怀、责任和义务；与家庭当中由亲情与血缘关系生发出的爱、关怀、责任和义务极为一致。比如，师爱是父母之爱的组合，有母爱的慈爱而没有溺爱，有父爱的严厉但更为平等。这个世界上所有的爱都以聚合为目的，只有一种爱是以分离为目的，那就是父母对子女的爱、教师对学生的爱。

最后，也是最根本的，从学校的组织功能来看，我们似乎可以认为，学校乃是家庭功能的延伸与分置。在人类发展中，先有家庭后有学校。家庭的主要功能有教育功能、经济功能、社会功能、情感与爱的功能等，人类早期的家庭具有完整的教育功能，学校出现以后，分担了家庭的教育功能。在现代社会中，学校与家庭共同担负着下一代的教育职责，各有侧重，并互为补充：共同承担促进下一代身心健康成长的功能；共同承担未成年人的社会化功能，未成年人的社会化过程主要是在学校和家庭完成的；学校与家庭一样是未成年人情感陪伴的主要源泉，对于青春期的学生，同学甚至成为情感陪伴的重要对象。在现代社会，从教育和社会功能来看，甚至存在着家庭功能式微、学校功能强化的趋势，单亲家庭、独生子女、留守儿童、大家庭的分立、年轻父母育儿经验缺乏等现象，导致家庭教育功能的下降，而学校成为重要的弥补。从另一面来看，国内外出现家庭学校、在家上学等现象，又是对学校教育功能异化的反抗，试图重新回归家庭教育的时代。

学校的家庭隐喻让我们得以重新定义学校，重新审视学校组织和组织文化。在学校这个家庭中，要注重人文，以师生为本，始终把教师的发展和学生的成长作为学校工作的出发点和落脚点，以科学精神和人文素养培育师生的精神品格。在学校这个大家庭中，要让师生都能得到成长，每个人都不是别人成长的手段与工具，每个人的成长与发展都是目的本身。在这个家庭中，要注重关怀和爱，领导关怀教师，教师关怀学生。如果领导常常自问："如果我是他，应该怎么办？"教师常常自问："如果这是我自己的孩子，怎么办？"很多答案便自然产生。让爱充盈其间，弥漫其中，让爱与被爱、关怀与被关怀成为重要的人际关系。在这个家庭中，要注重和谐，培育开放、包容、团结、协作、民主的精神气质，追求和而不同的内在和睦。在这样的家庭中，注重平等民主的管理方式，通过榜样、对话、实践、关怀与认可的方式教育师生。在这个家庭中，最重要的是关系与关怀，关心与关怀最重要的意义在于它的关系性。关心意味着一种关系。关怀的本质是从他者出发，从对方出发，给予理解、同情与关心。在一个家庭中，所有的家庭成员应该总是关怀最弱势者，而不是打击或抛弃他。学校也是这样，应该关注、关心、关怀的是那些处在边缘的教师和学生，而不是打击或放弃他们。爱生如子，爱师如友，爱校如家，将学校办成师生的精神家园。

因此，学校的决策伦理类似于家庭，"家庭中的正义总是以亲密关系为出发点"①，始于亲密关系，终于亲密关系。它不同于政治伦理和行政伦理，后者以打击敌人、保全自己为最终目的。当师生发生冲突时，并不存在谁是敌人的问题，师生双方都应该得到保护，只有是非对错之分，没有敌友之分。所以学校的决策伦理有着自己的实践逻辑，是亲密人之间的伦理，不同于行政组织中陌生人之间的伦理。"在家庭生活中，使谁也不受委屈，每个人各得其所，就是正义的"②，遵循的是亲密关系的逻辑。这种亲密关系也不同于社会关系网络中的人情关系，人情关系植根于面子，学校内部的关系植根于爱与关怀；人文与人情是两回事，人文注重的是人本身，人情注重的是感情与功利。总之，学校文化从根本上区别于行政文化、商业文化和企业文化，应该充满人性的温暖，充满爱与关怀，充满教育的力量。因为教育是人与人的对话、心与心的交流，是用人格培育人格，所以必须从人的内心出发，抵达师生的心灵。

第三，关怀是统领性的价值目标。在学校决策价值取向的教育性目标中，关怀是最高层次的目标，具有统领性的功能，是正义目标与科学目标的统一、价值理性与工具理性的统一、合理性与合法性的统一、正当性与有效性的统一。正义追求的是形式的合法性和实质的正当性，是价值理性和理想取向的目标；科学追求的是手段的合理性与结果的有效性，是工具理性

---

①　吴飞：《浮生取义：对华北某县自杀现象的文化解读》，46 页，北京，中国人民大学出版社，2009。

②　同上书，54 页。

和功用取向的目示。二者在学校决策目标结构中处于并行的位置，有一致性也有对立性，"科学尽其所有的力量与洞见，都不能触及道德问题，因为它是在感知领域起作用"①。这是科学与道德的分野，科学无涉价值，是工具理性的，而道德与正义则具有价值理性的意义。对于学校决策来说，教育关怀是高阶价值，是核心价值，在学校决策价值目标中处于优先地位，并将正义目标与科学目标统领起来，将工具理性与价值理性统一起来，在教育性的意义上达到和谐与统一：始终不忘记学校组织的使命是培养人，关怀人和人的成长是学校教育的起点与归宿，是学校决策价值追求的最高旨归。

在这个价值多元的时代，更加需要统一的价值目标，而不是以实用主义的取舍态度代替价值的指引。学校决策的科学性、正义性和教育生三位一体的价值目标，体现了鲜明的教育特性。当然，学校决策的价值模型是一个理想状态的理论建构。在具体运用过程中应该充分整合其现实性与理想性、规范性与权变性。理论建构的意义在于为学校决策实践提供一般性的价值引领。学校决策实践总是多变的、复杂的，实践从不委身于任何一种理论模型。因此，在学校决策实践中应该根据现实情境，加以具体运用。

---

① ［美］迈克尔·桑德尔：《公正——该如何做是好?》，朱慧玲译，149 页，北京，中信出版社，2011。

第五章
学校决策价值取向的路径调适

当我们能够把这一情感过程与理性思考结合起来的时候，我们就具备了伦理自主性；当我们培养出一种融理性与情感于一体的行为方式时，我们就拥有了正直感这种高尚的道德准则。

——[美]特里·L. 库珀

学校决策价值取向的"应然"与"实然"状态之间存在着很大距离，应该在二者中间建立一个"能然"的桥梁。以学校决策的"应然"价值目标为指引，在现实与理想之间、"实然"与"应然"之间，寻求可行的路径。通过相关路径的调适，逐步接近"应然"的目标。

改善和调适学校决策的价值取向，应该回溯到学校决策价值取向的形成机制。我们在第三章作了如下分析：学校决策价值取向的形成机制，可以视为学校决策主体的价值偏好、学校组织的价值理性、社会主流的价值观念相互影响的过程，并最终以学校组织理性的形式表现出来。循此，我们可以从决策主体、学校组织和社会环境三个方面，来探寻学校决策价值取向的路径调适：教育环境的价值改进与引导—学校组织的价值培育与重建—决策主体的价值自觉与自主。

第一节 教育环境的价值改进与引领

教育环境与主流价值观对学校决策的价值引领作用不可小视。学校组织与个体是历史的存在，受到当时社会环境的影响，受到社会主流价值取向的牵引。反观十年前社会价值观与教育生态，其主要问题是功利与浮躁之风盛行，理想主义式微。教育环境价值改进的主要目标是去功利化，追求教育理想，引领教育未来。

一、以理想主义引领学校教育

回想 20 世纪三四十年代，陶行知、蔡元培、陈鹤琴、黄炎培等教育先驱，于山河破碎、瓯缺陆沉之际，犹潜心教育，理想不灭，使命不忘，痴心不改，不禁令人慨叹。教育是千秋事业，要静待花开。学校的本真是促进人的成长，让学校成为师生生命成长的精神家园。如果缺乏理想主义的观照与引领，我们的教育，有些时候往往就会成为"善意的摧残"。在教育教学层面上重精神、轻身体，在精神层面上重智力、轻情感，在智力层面上重知识、轻能力，在知识层面上重考的知识轻不考的知识。

片面的教育带给学生片面的发展。首先，在青少年身体健康方面，中国青少年营养水平和形体发育水平不断提高，但体能素质近几十年持续下降（2009 年以来有所企稳）。曾经有人概括中国中小学生体质是肌肉软、韧带硬、动作笨。大量高中生入伍体检不合格。全国学生体质健康调研数据表明，学历越高，视力越差。曾经有些学校为了所谓安全，连正常的体育活动和体育比赛项目也取消了。

其次，心理健康的问题凸显。青少年心理问题低龄化倾向越来越突出。有些教师常说："你看你们的父母、老师为你们的学习付出了多少……"学生在沉重的学业压力之外，又增添了道德的压力，承受不能承受之重，这扼杀了学生的创造性。这便是教育的异化，因为它已经走向了自己的反面。

最后，学科教学弊端丛生。现行的教育偏重智育，其实也不是重视真正的智力和能力：一是重应试学科，忽视非应试学科，考什么教什么，教什么学什么，不考不教，不教不学；二是重升学有望的学生，忽视后进学生；三是重知识传授、题海战术、机械训练，忽视智力的发展、能力的培养、情感的陶冶和身心的健康。

国际 21 世纪教育委员会提出了"教育——必要的乌托邦"这一命题，其基本要义便在于确认：人是发展的第一主角和终极目标。德国作家黑塞（Hermann Hesse）认为，真正的教育是没有任何目的的，就像任何追求完美的努力，其本身就是目的。特别是基础教育，是为人一生的发展奠基，为国家教育事业的发展奠基，为中华民族人口素质的提高奠基，犹如万丈高楼之根基、千里铁轨之枕木，在教育体系中处于重中之重的地位。教育是面向明天的事业，关注的是人的成长、国家的未来和民族的利益，必须站在未来的高度和全局的角度审视教育的价值追求，始终从理想出发，从未来出发，从育人出发，切实改进现实的教育环境，以理想主义的情怀和价值观引领学校教育的发展。

二、改进功利化的教育生态

理想的式微、现实的残酷，折射出学校决策者的教育功利观。学校决策者的功利是教育功利、社会功利的折射与映照。教育生态的急功近利又是社会生态的曲折反映。比如，有人认为中国的教育梦是"有教无类，因材施教，人人成才"。"人人成才"的提法其实是功利性教育价值观的体现。教育的根本是育人，而不仅仅是培养人才，成人比成才更重要。学校教育的唯一使命是培养人，使人成之为人，涵养人格，启迪智慧。不求人人成才，但求人人成人。成人是个体发展的需要，成才更多的是社会发展的要求。成人侧重的是人格与个性的维度，成才更侧重智慧与技能的维度。在基础教育阶段，人格与个性的培育显然更重要，智慧的缺陷可以由道德来弥补，道德的缺陷不能由智慧来弥补。

曾经基础教育领域中存在两个突出问题：一是学校教育中

的"劣币驱逐良币"现象，二是教育领域中"公地悲剧"现象。"劣币驱逐良币"是 16 世纪英国人格雷欣（Gresham）首先提出的。在铸币时代，那些低于法定重量或者成色不好的铸币（劣币）一旦广泛进入货币流通领域，人们便倾向于将那些具有法定重量或者成色好的铸币（良币）收藏起来。这样良币在流通领域会越来越少，将逐渐被劣币驱逐出去。

"劣币驱逐良币"的现象不仅存在于经济领域，在大自然中也有存在。比如稻田里的稗子，生命力极强，如果不加拔除，它将吸收地肥，附近的稻子就长不好了。社会生活中也存在类似现象。比如人们在剧场观赏演出时，当有一个观众为了看得更清楚而起立，如果没有人制止，后面的人也会仿效，一个个相继站起来。这样的结果是，站着看的人越来越多，坐着看的人越来越少。

在学校教育中，也存在着"劣币驱逐良币"现象。比如，一所学校为了片面追求升学率，组织学生到学校集体上晚自习，假期组织学生到学校补课，并且因此在短期内取得一定的成效。如果教育行政部门不予干预，那么其他学校就会竞相效仿。即便大家知道这样做损害学生身心健康，违背教育教学规律，从长远看有很大的负面作用，但还是会跟风，那些规范办学的学校会承受来自家长和社会的巨大压力。久而久之，教育的局部生态发生变化。中职学校招生也是这样，一些学校为了抢挖生源，进行虚假宣传，通过给介绍的中间人（如班主任或任课老师）"人头费"的方式违规有偿招生，使得那些规范招生的学校吃亏，干扰了招生秩序与招生市场。

政府和教育行政部门应该通过政策规范、价值引导的方式建设良好的教育生态和教育环境，旗帜鲜明地反对不规范办学的短期功利行为，让"劣币"没有市场，让"良币"赢得信任和支持。

"公地悲剧"是加勒特·哈丁（Grarrit Hadin）提出的。哈丁认为，假设一个大草原对村子里的所有牧民开放，每个牧民为了使自己的利益最大化，都会最大限度地饲养家畜，在这个草原上放牧。这是个人主义的理性逻辑，其结果是无节制的过度放牧，直到大草原无法承受为止。"每个牧民都奔向毁灭草原的最终目标，大家都在一个信仰公众自由的社会中追求自己的最大利益。存在于公众中的自由将毁灭性的后果带给了所有公众。"[1]

这就是"公地悲剧"，是个人利益损害公众利益、局部利益损害全局利益的必然后果。学校教育也是如此，为了局部利益，破坏了教育生态，结果反过来会损害全局的利益。有些地方中小学的生源竞争，甚至演化为生源大战，但是一个地区的优秀生源是有限的，无序的竞争并不能提升全局的利益。教育教学行为中的加班加点其实也是对教育资源的过度使用，破坏了教育生态，最终将学校教育引向功利化的轨道，损害教育的全局和长远利益。学校片面追求升学率，往往是由于地方行政

---

[1]　［美］特里·L.库珀：《行政伦理学：实现行政责任的途径》，张秀琴译，119页，北京，中国人民大学出版社，2010。

领导或教育行政部门以升学率评价学校、考核干部，并且下达升学指标。比如，某县因为高考成绩不理想，县委县政府召开全县高考大会，撤换高中学校领导以示问责，县长提出"升学率，就像财政收入一样是硬道理"的口号，将学校教育逼向功利之路。再如，某市领导为拉动和集聚新建开发区的人气，要求当地小学、初中、高中的名校去开办分校，将教育当作拉动经济和政绩宣传的工具，不仅矮化了教育，也违背了教育的基本规律。

三、建立良好的政校关系

学校与政府的关系是学校外部治理结构要解决的主要问题。其核心是落实办学自主权，落实学校的法人地位，实行管办分离，将学校交出来，还给学校，还给校长和师生。校本管理是现代学校制度建设的重要内涵，是责、权、利统一的体现与要求，是基于学校相对独立的社会定位而进行的自组织管理。这是从外控式管理向内控式管理的转变，实质就是学校管理权的下放和教育行政部门及学校角色转变的过程，校本管理使学校拥有更大的自主性、灵活性。通过权力下放，学校获得较大的管理权，有利于制定清晰的符合自身实际的发展目标和政策，有利于提高学校教育的灵活性和针对性。[①]校本决策是校本管理的核心，是基于校情的以学校为本位的决策，其基本特征是学校驱动而非行政驱动，是以学校为本而非以上级行政为

---

① 刘宝存：《校本管理：当代西方学校管理的新模式》，载《比较教育研究》，2001(12)。

本，是基于学校并且为了学校。通过校本决策，可以倾听各方面的意见和建议，提高决策的水平，同时也有利于师生员工对学校目标和政策的认同，提高学校的凝聚力和执行政策的主动性、积极性，最终激发学校组织的活力，促进学校办学质量的提升。[①]

建立良好的政校关系，关键在于政府和教育主管部门。目前来看，建立现代学校制度，厘清学校的组织边界，分清政府与学校各自的权利与义务，进一步落实学校管理与决策的自主权，完善学校外部治理结构，为学校发展营造健康的生态环境，还有很长的路要走。

任何组织都有自己的边界。在现实中，学校常常成为教育行政部门的附庸，行政之手往往越过权力的边界，伸向学校的自有领域，干预学校的决策，甚至越俎代庖，直接为学校决策。教育行政部门极大地制约着学校的自主决策与管理。另外，学校又承载着几乎无限的责任。建立健康的政校关系，应该制定学校法，从法律的角度规范政府与学校的责任、权利和义务。将学校的还给学校，将政府的还给政府，约束政府对学校行政干预的冲动，建立责任、权利、义务相统一的学校外部治理结构，真正做到去行政化，实现校本管理和校本决策。

---

① 刘宝存：《校本管理：当代西方学校管理的新模式》，载《比较教育研究》，2001(12)。

第二节　学校组织的价值培育与重建

学校决策的价值取向的路径调适之二是学校组织的价值培育与重建，即从制度与文化的角度来培育学校决策的价值与伦理品格。从学校决策的价值取向上来说，既不能忽略决策者个体的决策伦理，更不能忽略组织的决策伦理。人是依赖组织而社会化的，组织是个体社会化的载体，组织的制度与文化规训着个体的组织行为，传导着特定的价值取向。仅仅依靠决策主体的价值自觉和自主是不够的，组织的制度与文化的建设才是根本的路径。组织制度通过规章和机制对学校决策的价值取向进行硬约束，组织文化通过信念与价值准则对学校决策的价值取向进行软约束。

一、学校组织制度的硬约束——学校决策机制的重建

制度决定机制。学校决策是多人之间相互作用的过程，它是在一个稳定的组织结构中，依凭着组织制度运行的。制度为人们及其互动提供了一个栖身之所。在学校组织中，制度是强大的，"学校是在制度相对强大而技术薄弱的环境中运作的"[①]。不同的组织结构和制度会影响决策的机制与价值取向。第一，学校组织结构与规章制度起了重要作用，它决定了决策者注意力的分配；决定了什么人参加决策，涉及利益主体及利益分

---

① ［美］韦恩·K. 霍伊、塞西尔·G. 米斯克尔：《教育管理学：理论·研究·实践（第 7 版）》，范国睿主译，254 页，北京，教育科学出版社，2007。

配；决定了什么信息可能进入决策过程。第二，对信息的使用、加工与解释起了重要作用。在学校决策中，信息的使用是策略的，而不是中立的，选择哪些信息，过滤哪些信息，强调哪些信息，如何解释信息，由谁解释信息，其实是不对称的，这些因素都会影响决策及其结果。第三，利益在其中起了重要作用。所以学校决策"是一个组织运行过程，在很大程度上受到已有规章制度的约束；组织决策又是一个政治过程，是一个各种利益派别相互冲突、相互妥协的过程；它同时又是一个解释的过程……不同解释常常会达到不同的结果"①。

学校决策机制的建立，是学校组织制度对决策的硬约束。案例 5-1 是北京市 SY 学校 2014 年制定的《章程》，该文件清晰地确定了学校决策的机制，并且以这种机制界定学校内部的治理结构，明确学校内部的权力分配与制约，从而保障学校决策的民主与科学。

案例 5-1：学校章程（节选）②

第二章　治理结构

第四条　学校实行分权制治理结构。教职工代表大会、校务委员会、党总支、学术委员会、学生会、教师家长委员会等组织，共同组成学校权力机构，分别决策相应事项。各治理主体互相制约，防止决策失误或某一方权力过度膨胀。

第五条　学校坚持教代会讨论审定学校重大方针政策的民

---

① 周雪光：《组织社会学十讲》，295 页，北京，社会科学文献出版社，2003。
② 案例资料来源于北京市 SY 学校文件。

主决策机制。对关系到学校发展和教职工权益的重大问题，包括学校行动纲要、战略规划、人事聘任方案、工资分配制度、职称推荐方案、学术工作管理办法等，必须经教代会审议通过后方能实施。投票结果必须当场公布。任何组织和个人均无权改变教代会通过的方案。教代会审议采取无记名投票制度，除会议议程等有关程序性事项外，所有方案不得采取举手表决或鼓掌通过方式。

第六条　教代会每年八月底对校长进行信任投票，采取无记名投票，并当场公布投票结果。达不到60%的信任票，校长必须自行辞职；达到60%但连续三年未达到80%时，校长也必须自行辞职。

第七条　教代会代表20人及以上提议，可临时召开教职工代表大会，提请对校长的弹劾或对有关政策方案修改的建议议程，经全体代表60%以上同意后，方可启动弹劾校长或修订政策方案的程序。

第八条　教代会每年八月底听取中层及以上干部述职，并进行无记名满意度测评，测评结果提交校长，作为聘任干部的依据。对未达60%或达到60%但连续三年低于80%满意度的人选，新年度不得聘任为中层及以上干部。

第九条　为防止教代会决策因时间变化、上级政策调整等各种原因带来的失误，特殊情况下，校长有权对教代会通过的方案提出暂缓实施的建议，提交教代会主席团同意后，可对有明显问题的方案实施冻结，待下一次教代会审议修改后实施。

如有必要，也可经主席团同意，提前召开教代会，对相应方案进行修订。如教代会认为原方案没有修改必要，则仍按原来的决策执行，校长不得再次干预。

第十条　学校设立校务委员会，主要由校长、副校级干部和主持年级教育教学工作的干部组成。校务委员会由校长主持，负责领导学校课程建设和教育教学工作，决定教职工的劳动合同聘任，确定各年级各部门岗位编制及职级总量，决定年度财务预算，按照相关规定决定对教职工及学生的奖惩。校务委员会采取审议制，当无法达成一致意见时，校长具有最终决定权，责任由校长承担。

第十一条　学校党总支要保障国家的教育方针在学校贯彻落实，保证正确的办学方向，加强党组织建设，领导教职工代表大会和工会、共青团、少年先锋队等群众组织。

第十二条　学校设立学术委员会，也同时作为教师职称初评委员会。负责教师职称初评，特级教师和市区学科带头人、骨干教师的推荐，学校学术工作室的设立、管理与评价，重大科研项目的招标。组成人员由校务委员会提名，提交教代会审定，达到80%以上赞成票方能通过。学术委员会由三位委员轮流担任主席，每位轮值主席主持一年工作。学术委员三年一个任期，每个任期需调整三分之一委员。为保证学校行政工作与学术工作的良好沟通，学术委员会轮值主席列席学校校务会议，学校分管人力资源工作的校务委员列席学术委员会议。特殊情况下，校长如果认为学术委员会决策存在明显问题，可通过校务委员会审议，对学术委员会的决定提出重新审定的提议，学术委员会可进行二次审议，如二次审议仍维持原决定，校长则不得干预。

第十三条　学生会系学生民主自治组织，是学校与学生联系的桥梁和纽带。对事关学生切身利益的事项，如有关学生的规章制度、奖惩办法、校服选用、食堂管理等，学校应通过学生会广泛征求学生意见。每年召开学生代表大会，对学校相关事项可以提出建议案，学校相关方面必须做出回应。

第十四条　教师家长委员会由相关方面推选的教师代表和家长代表组成，负责沟通学生教育、学校管理的相关事项。对一定时期学校教育教学工作提出建议，对学校相应管理制度提出修改意见，对与学生工作相关的诸如行为规范、食堂管理、住宿服务、校服选用等事项提出建议。学校相关部门必须及时听取，随时协商，并做出回应。

该学校的探索，目的就是从学校的内部治理结构入手，探索现代学校制度建设。首先是探索如何让权力在对上负责与对下负责中取得平衡，将二者的利益相统一、相融合；其次是探索如何解决每一个主体、每一个岗位的权力来源问题，这是内部治理的起点；最后是如何厘清学校的决策权力与主体，并进行学校决策权的分配与制约等。其核心是学校决策机制的科学化与民主化的过程，其中权力的分配与制衡很有特色。

比如，教代会是学校多元治理结构之一，它决定学校章程、决定学校各种人事和分配制度，拥有很大的权力。但是在国家新政策出台或环境发生重大变化时，对于教代会通过的方案，校长有权提出暂缓施行，提交下一次教代会重新审议。校长的行政决策权很大，但是校长每年度都要接受教代会信任投票，达不到规定的票数必须辞职。

另外，这对于学校的学术权力与行政权力也有良好的分权与制衡。学校设立学术委员会，行使学校的学术权力；特殊情况下，校长如果认为学术委员会决策存在明显问题，可通过校务委员会审议，对学术委员会的决定提出重新审定的提议，学术委员会可进行二次审议，如二次审议仍维持原决定，校长则不得干预。比如北京市 SY 学校坚持"不让理财的人有权，不让有权的人理财"，体现的也是权力的制衡与分配。没有哪一个领域、哪一件事情仅仅靠一个独断的决策，这样的学校治理结构可能会更加安全，其治理能力也相伴而生。①这是决策的智慧，也是机制的力量。

学校重建决策机制，要注意以下几个方面。首先，要建立民主决策机制，民主决策可以最大限度地保障决策的科学性和全面性。要在党组织领导下，实行多元主体决策的方式，让党组织、校务委员会、教代会、学术委员会、学生会、家委会各自行使相应的决策权，尤其是与学生利益相关性大的决策，要让学生和家长代表参与，听取他们的意见和建议。其次，要降低决策重心，让一线的教职员工更多地参与决策，让决策发生

---

① 李希贵：《权力的来源、分配与制约——对学校内部治理现代化的深思》，载《人民教育》，2014(24)。

在信息最充分的地方，让听到炮声的人指挥战斗。再次，在决策事务中，更多地关注学生事务和教育教学事务。最后，要切割权力链，建立决策制衡机制，将行政决策权与学术决策权分割，预算审批、预算执行与决算审计分割，充分发挥党组织的方向引领、教代会的民主监督作用。

在学校决策中，还要防止决策的虚假一致性。这是学校决策中经常会出现的问题。中小学长期以来实行的是校长负责制，似乎是校长一个人说了算，学校决策好像就是校长的个人决策，其他人几乎没有反对意见，呈现出虚假的一致性。这样的决策风险很大。同样，实行党组织领导的校长负责制，也不是书记一个人说了算，而是通过相应的决策机制，实行集体决策。

在决策过程中引进反对意见很重要。因为决策需要冲突，就像德鲁克所说："除非有不同的见解，否则就不可能有决策。"[①]在决策的时候，校长提出一个方案，大家都说好，然后就结束了，这样的决策很危险。众口一词，都说校长说得对，没人提出反对的意见，不是一个好现象，这反而可能是决策风险最大的时候。

学校管理者在决策过程中，一般来说，不要一开始就抛出自己的观点。先要听听大家的意见，而且特别要有意识地去激发反对的意见，让不同的意见能够被充分地讨论。决策中的差

---

① ［美］彼得·德鲁克：《卓有成效的管理者》，许是祥译，143 页，北京，机械工业出版社，2013。

异性视角、多样视角是最有价值的资源，可以更全面地考虑各个方面情况，研判可能出现的不同后果，让决策更加周全和严密。

大家可能会揣摩校长和书记的意见，或者迎合校长和书记的想法，很少有人会提出反对的意见。那么这个时候可以鼓励大家提出异议，也可以事先指派某个人以反对者的角色来提问。如果没有人站在对立面思考问题，校长和书记可以将自己放在对立面，反过来思考问题，想想有没有别的办法。

在决策会议上，要防止虚假的一致性，办法之一就是引起争辩。有时候反面意见本身可能就是决策的一个备选方案。而且反面意见可以激发想象力、打开视野。"唯有反面意见，才能保护决策者不致沦为组织的俘虏。"①作为决策者，校长和书记要用好意见冲突这个工具，以确保看问题更全面、决策更周全。

二、学校组织文化的软约束——学校决策文化的培育

学校组织文化是一种保持组织完整，使组织有着独特身份的共享取向系统。这个共享系统主要包括组织的规范、价值观、哲学、观点、信念、期望、态度等，概括来说，有三个层次。第一个层次是规范层面，即一种未予言明的、非正式的期望；第二个层次是价值观层面，即一组共同的信念；第三个层次是默会假设，即对人性、真理、人与人的关系等的抽象假

① ［美］彼得·德鲁克：《卓有成效的管理者》，许是祥译，144 页，北京，机械工业出版社，2013。

设，这是最深层次的文化。①在学校组织文化中，信念是文化的内核，是决策文化重建的核心。这些信念在文化层面规范和引导着人们的决策行为，虽然这种规范与引导是软性的，不具有强制性，却更加持久，更为深刻，潜移默化地影响着学校决策行为。从价值取向上说，学校组织文化的培育直接或间接影响决策者的价值导向。学校组织文化是行政本位的，其决策取向就是行政化的；学校组织文化是利益本位的，其决策取向就是功利性的；学校组织文化是以人为本位的，其决策取向就可能是人本的、伦理的，"组织中的文化和氛围越符合道德规范，个人的信仰和决策行为就越符合道德规范"②。

案例 5-2：北京市 SY 学校《行动纲要》(节选)③

第十章　决策

第五十七条　推动不同层次、不同团队的思想解放和独立思考，提高科学决策能力；向领导请示工作应该首先明确自己的意见；提报解决问题的方法，一般不少于两种方案。

第五十八条　坚持"哪个层级获得的信息最充分，就在哪个层级做出决策，或者由哪个层级的人员参与决策"的决策原则。

第五十九条　明确决策程序，尊重决策规律，加强决策制

---

①　[美]韦恩·K. 霍伊、塞西尔·G. 米斯克尔：《教育管理学：理论·研究·实践（第 7 版）》，范国睿主译，162 页，北京，教育科学出版社，2007。

②　[美]特里·L. 库珀：《行政伦理学：实现行政责任的途径》，张秀琴译，181 页，北京，中国人民大学出版社，2010。

③　案例资料来源于北京市 SY 学校内部文件。

约与决策评估；坚持重大决策前的听证制度与决策后的纠错制度，定期对学校重大决策进行民主评议。

第六十条　遵循民主决策、权威管理的原则，执行层面的集中与决策层面的民主同样重要。

第六十一条　重视与师生利益密切相关领域决策方式的研究与实施。特别重视教职工评职晋级、薪酬分配、福利待遇的选择方式与实施方式、住宅购置与分配、教工子女入学、学生荣誉评定、学生干部产生方式、学生学业与综合素质评价、分班、座位排定等决策的实施。

由案例 5-2 可知，北京市 SY 学校在继承学校原有文化与价值观的基础上，试图在学校工作的主要领域明确师生员工的行为准则，为学校决策与管理、教育与教学工作等提供价值引领。有关决策的上述五条原则体现着如下价值导向：第一是决策的科学性，强调决策备选方案的多元，注重决策信息的充分，将决策放在信息最充分的层次进行；第二是决策的民主性，强调决策主体的多元和决策民主程序，注重决策的制约与评估，注重听证制度与纠错制度；第三是决策的人文性，重视与师生利益密切相关领域的微决策。

文化的核心是价值观。在学校文化的建设过程中，最关键的是建构共同的价值观念，并将之渗透到学校决策的方方面面。北京市 SY 学校总结若干条办学准则和价值取向，如案例 5-3 所示。

案例 5-3：北京市 SY 学校《行动纲要》(节选)[①]

第一章　愿景、使命和办学准则

第一条　愿景

我们的愿景是：把 SY 学校建设成为一所受人尊敬的伟大的学校。

伟大的学校应该是一所师生品格崇高、才识卓越并具有谦虚品质的学校。

第二条　使命

我们的使命是：创造适合每一位学生发展的教育，将"SY 学生"塑造成为一个值得信任的卓越的品牌。

第三条　办学准则

我们的办学准则是：

1. 与共和国一同成长，共和国的利益高于一切；

2. 认可稳定的教学质量，以追求学生长远利益；

3. 竭尽全力帮助教师，以方便教师竭尽全力帮助学生；

4. 教育学首先是关系学，润滑关系以奠定教育的基础；

5. 把钱花在离学生最近的地方。

这些价值取向的确立过程，是学校文化建设的过程，也是学校干部和师生员工价值内化的过程，对各级决策者的决策取向有引领、指导、规范和约束的作用。文化总是以一种谦卑的方式，以一种吸引人的方式，而不是以强制的方式来影响人的

[①]　案例资料来源于北京市 SY 学校内部文件。

行为，却具有长远而深刻的影响力。

三、学校组织结构的重构——去行政化的"脱耦"策略

结构决定性质，结构决定功能。我们会发现学校组织结构中存在这样的现象：既存在许多正式组织，又存在一些非正式组织。往往正式组织所承担的工作任务与学校的中心工作有隔膜与疏离。正式组织主要承担一些管理职能，包括协调与外部的关系，获取外部的资源并进行分配，贯彻上级法律政策及规定等。非正式组织则负责实际的教与学，与学校的中心工作紧密相连。从制度理论来看，这是组织的"脱耦"现象，也是应对组织结构行政化的缓冲策略。因为正式组织是依照上级规定设置的，或者是组织同形的模仿结果，比如政教处、教导处、工会、团委、保卫处、总务处、财务处等，这些正式组织的存在是组织合法性的内在要求，是组织的制度环境的内在要求——因为只有按照上级规定设置的组织才具有合法性，并因为与上级组织保持一致而获得上级的认可，进而获取更多的教育资源。但是学校的中心工作其实是由年级部、学科组、课程处等部门完成的，这些组织是校内的非正式组织，是学校的内设机构，其行政地位往往在正式机构之下。于是，二者之间会出现权力的紧张与冲突，正式机构拥有上级行政部门的认可，从而获得了制度性权力；非正式机构从事一线的教育教学管理，则掌握着事实上的权力。制度权力与事实权力的不一致，往往会导致机构重叠与内耗。这就产生了背离。

案例 5-4：学校组织机构转型图[①]

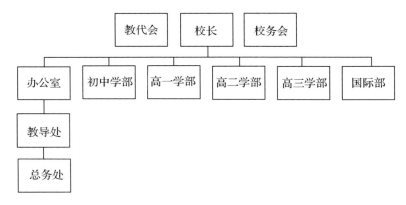

案例 5-4 呈现了 SY 学校改革后的扁平化的组织机构图。学校进行了组织的重构，从这个组织机构图可以看出，学校的办公室、教导处、总务处是学校的正式机构。各学部和国际部是学校自设的非正式机构，包括没有画出来的学校课程委员会等非正式机构。这些正式机构是应对上级教育行政部门而设立的，非正式机构是对应学校教育教学工作的需要而设立的。这不仅是组织机构的扁平化策略，也是一种"脱耦"的策略，即学校的核心工作交由非正式机构承担，正式机构承担的是服务性、协调性的职能工作，并且让副校级领导兼任非正式机构的主管，赋予非正式组织以制度合法性，提高其在校内的行政地位；正式机构也得以保留，以应对上级的行政管理，但进行了职能转换与重置，从管理走向服务。这种组织机构与职能的重构，是组织"脱耦"策略的有效运用，消解了正式机构与非正式

---

① 李希贵：《学校转型》，171 页，北京，教育科学出版社，2014。

机构的内在紧张与冲突，既适应制度环境的合法性要求，也确保学校教育教学的有效运行，是去行政化的有益尝试。这样扁平化的结构减少了管理层级，学校的决策重心下移，让一线从事教育教学的学部、学科和年级进入决策层，可以直接从一线获取决策所需的必要信息，以保证学校决策的效度和信度，有效克服科层制的决策行政化倾向。

第三节   决策主体的价值自觉与自主

学校决策主体是以校长为首的决策群体，决策主体的价值自主和自觉，是改进学校决策价值取向的重要路径。价值自觉是指决策者在决策时有意识地系统思考决策行为的价值取向与意义。价值自主是指决策者在决策遇到压力与冲突时，保持价值信念与行为的一致性，并且能在价值两难中寻求价值平衡，超越价值困境。

一、学校决策者的价值自觉

学校决策是群体决策和组织决策，决策者个体是以职业角色身份进入决策过程的。从价值取向上看，决策者的个人德性、职业价值观、价值自主与价值自觉在一定意义上影响决策的价值选择。为此，我们开展了一项问卷调查，结果如表 5-1 所示。

表 5-1　学校决策者个人道德伦理水平对决策的影响程度

学校决策者个人的道德伦理水平对决策的影响程度	人数/人	百分比/%
很大程度	242	82.3
很小程度	8	2.7
一般	37	12.6
不清楚	7	2.4
合计	294	100

调查表明，82.3%的受访校长认为，决策者个人的道德伦理水平在很大程度上影响决策结果。库珀的研究也证明，个人道德品质对决策中的负责任行为影响很大，他从伦理决策技巧、德性、职业价值观三个方面的因素来研究个人道德品质。[①]伦理决策技巧是必要的，但这并不意味着其决策的价值取向是合乎道德的，个人德性和职业价值观，也就是决策者的价值自觉更为重要。个人德性是指个体的品性特征或内在道德品质，如乐观的态度、勇气、仁慈、公平和同情心等，是个人德性中重要的道德潜质。依据自身的德性，个体自觉免受外部的诸如金钱、名誉、权力和人情关系的诱惑和威胁。职业价值观是与行为和目标相关的信仰，与道德品质相比，它们更加可以归结为实际工作经验，它们是按照某种方式行事的禀赋。[②]

关于学校决策者的职业价值观，2013 年教育部印发的《义

---

　　① ［美］特里·L.库珀：《行政伦理学：实现行政责任的途径》，张秀琴译，189 页，北京，中国人民大学出版社，2010。

　　② ［美］特里·L.库珀：《行政伦理学：实现行政责任的途径》，张秀琴译，171 页，北京，中国人民大学出版社，2010。

务教育学校校长专业标准》，将校长的职业价值观的主要内容
表述为"履行职业道德规范，立德树人，为人师表，公正廉洁，
关爱师生，尊重师生人格"。2015 年印发的《普通高中校长专
业标准》关于职业价值观的表述为"履行职业道德规范，为人师
表，公正廉洁，勤勉敬业，关爱师生，尊重师生人格"。这种
表述虽欠完整，但基本上将中小学校长的职业价值观要求概括
出来。

学校决策者在决策时，往往很少有意识地思考决策的价值
问题——缺乏价值自觉。价值自觉让人们更加觉悟到选择的道
德特性，更加自觉地面对自己的选择并且更加清楚地看清它的
道德内涵。[1]决策者的价值自觉就是追求内心的完整性与一致
性，追求言行一致。这种一致是内心价值感与职业价值规范的
一致，是情感与理性的平衡。在处理决策难题时，保持价值自
觉，可以进行三个追问。

一问是自我测试。如果当事人是我自己或自己的亲人，我
会怎么办？这是角色换位，不仅关怀他者，而且追求自我与他
者的平衡。做决策的时候，把自己想象成当事人。比如处分一
个学生，要设想如果这个学生是自己的孩子怎么办。

二问是自我评价。当校长做两难决策的时候，问问自己，
做出这个决策的人是想象中的自我吗，是理想的自我吗，所做
与内心的价值观一致吗？内心的情感体验是正面的还是负面

---

① ［英］齐格蒙·鲍曼：《生活在破碎之中——论后现代道德》，郁建兴、周俊、周莹
译，8 页，上海，学林出版社，2002。

的？不能成为自己厌恶的人，这是自我内心深处的一致性。换句话说，如果你做了一个两难决策以后，内心觉得很不安、很纠结，甚至很歉疚，那有可能这个决策是有问题的。

三问是公众测试。如果该行动方案成了公众监督的目标，你该怎样？如果要求你在大庭广众之下为选择进行辩护，该如何做？这是寻找决策的正当性理由，追求义务与后果的平衡。其实就是让两难决策能够在阳光下被审视，经得起公众的检验。

这种追问的过程不仅是理性分析的过程，更是情感拷问的过程，"当我们能够把这一情感过程与理性思考结合起来的时候，我们就具备了伦理自主性；当我们培养出一种融理性与情感于一体的行为方式时，我们就拥有了正直感这种高尚的道德准则"[①]。在这个意义上，学校决策者的价值自觉，其实就是能够系统而有意识地思考自己的行动理由，并且赋之以一种可解释的价值理由。良好的决策其实是在"寻找一种可接受的、针对具体情况的、与我们的价值观和外部义务等因素协调一致的行动方案"[②]，这也有利于决策者保持内心的整体认同感以及理性与情感的平衡。

案例5-5：奥赛风波[③]

经过一年多的申办，学校终于取得全国中学生生物学奥林

---

① ［美］特里·L. 库珀：《行政伦理学：实现行政责任的途径》，张秀琴译，38页，北京，中国人民大学出版社，2010。

② ［美］特里·L. 库珀：《行政伦理学：实现行政责任的途径》，张秀琴译，95页，北京，中国人民大学出版社，2010。

③ 案例根据M学校实例编写。

匹克竞赛决赛承办权。竞赛委员会的专家来学校考察后很满意，希望学校组织最优秀的选手队伍参加省赛，并脱颖而出。按照规定，承办学校，除了可以有选手正常入选省队（四人），还可以由学校单独组成省"二队"（四人）参加全国决赛。所以这次比赛对于学校而言，是机会，也是挑战。

几个月以后，生物老师来找校长。据称，本年级有一位优秀的学生杨同学不想参加生物竞赛辅导，转而去参加物理和化学竞赛辅导。如果这个同学能参加生物竞赛，一定可以在省赛中取得好成绩，甚至可以在国赛中冲金夺银，说不定还能进入国家队参加国际奥赛。

校长请班主任做杨同学及其家长的工作，希望他能以学校大局为重，珍惜难得机遇，为学校争光。他还强调，如果取得全国决赛一等奖，可以保送至北大、清华。

校长还请副校长与物理和化学老师谈话，希望他们能顾全大局，配合学校做好杨同学的思想工作，让他专心参加生物竞赛辅导。

杨同学的父母接受了学校的意见，于是杨同学继续留在生物竞赛辅导班学习。但是不久后，他又去听物理和化学竞赛辅导课，不上生物竞赛辅导课。副校长和杨同学长谈了一次，无效。大家建议由校长直接和他谈话。

校长犹豫再三，约谈杨同学。杨同学表示自己不喜欢生物，最大的愿望是考上北大或清华物理系。校长告诉他："第一，参加生物竞赛获得省一等奖并参加全国决赛的概率要大得多，对你个人来说，可以直接保送上北大清华；你若要选择物理或化学竞赛，不一定能拿到省一等奖，也就失去了保送上北大清华的机会。第二，参加生物竞赛能为学校争光，是两全其美之事；第三，学校会尊重你个人的兴趣，你的选择是最终选择，没有人会为难你，希望你再考虑，一周后给班主任一个回复。"

杨同学最终还是没有选择生物竞赛。生物老师不太开心，对本次竞赛也没有信心，认为学校不支持他和生物学科。

结果，生物竞赛学校成绩优异，有8名同学获得省一等奖，2名同学入选省一队，4名同学组织省二队，在全国生物学决赛上，获得4金2银的好成绩，4名获得金牌的同学当场被北大预录取。

杨同学参加了物理和化学竞赛，只获得了省二等奖。后来，杨同学凭借自己的努力，在高考中以全校理科状元的成绩考取清华大学物理系。

案例中反映的是学校集体利益与学生个人利益的冲突，也是功利与意义的冲突。学校希望杨同学代表学校参加生物竞赛，为学校争光，是从学校利益出发。学校采取说理、启发、利诱等方式，甚至让班主任和家长对该同学施加压力，结果并不奏效。其实学校的存在是为了学生的发展，学生的存在并不是为了学校的荣誉。个体不能消失在集体之中。在这个意义上说，学生个人的利益高于学校的集体利益。不能以学生的成绩来为学校贴金，或为教师和领导贴金，尤其不能剥夺学生选择权，强求为之，否则就会为了所谓的学校利益损害学生的个人利益。所谓为学校争光、为了学校的荣誉、为了学校的整体利益等提法，本身就暗含着错误的逻辑，或者说隐藏着功利与自私的倾向，或者只是将学校领导的利益包装成了学校利益。校长在决策时，一定要有价值自觉，反思自己的决策行为背后的价值取向究竟是什么，究竟是为了学校还是为了学生，是不是真的为学生好。

案例5-6：保送生是否要参加高考？[①]

学校每年有30名左右保送生，这些保送生通过学科竞赛获得保送资格，然后参加国内名牌大学的保送生考试。一般在春节前后就确定了名额，保送的学校大多是国内一流名校。

这30名学生基本来自理科实验班，而且是实验班里最优秀的学生，并在某些学科上成绩特别优秀。按照规定，这些保送生不需要再参加高考。但是学校一般会要求这些学生参加高考，目的很明确，增加一些本届高考的高分学生，并且有可能夺得省、市理科状元。这些年来，在保送学校确定后，学校一般会召开保送生和家长会议，校长或教师会这样说："祝贺你们提前被保送到国内一流名校学习！这是你们努力学习的结果，也是老师和学校辛勤培育的结果。你们接下来的任务就是全力冲刺高考，考个好成绩，为学校增光，回报学校和老师。"

但从近十年的结果来看，这些保送生的高考成绩并不理

---

① 案例根据M学校实例编写。

想，虽然都能考个高分，但高考前三名基本上不是保送生。因为无论如何，在最后几个月中，保送生的学习状态和拼搏精神显然不如以前，也比不上未保送的同学。

后来学校决定，不再要求保送生必须参加高考。保送学校确定后，学生自主选择，可以跟班上课，也可以申请在图书馆自学，或者申请去保送的大学提前学习。

案例5-6中，学校要求保送生参加高考，其实是希望这些学生为学校增光。这是学校的自私与功利，将学生充当了工具，而不是真心从学生成长需要出发，让学生自主选择保送后的学习安排。强求他们参加高考，既难以达到学校的目标，还浪费了学生的时间，对于学生成长来说，并无实际益处。

这种做法违背了教育伦理。人的成长是目的本身，任何人都不应该成为工具和手段。但在现实中，这样的例子还有许多，比如一些省份的著名中学每年有机会选派优秀学生参加新加坡公派留学，但是有些学校不允许最优秀的学生参加，担心流失了优秀学生，影响学校当年的高考成绩。

其实对于这些问题，进行自我测试就可以得出答案：如果他是你的孩子，你准备怎么办？对于更复杂的问题，还可以进一步进行自我评价和公众测试。这种道德推理与拷问是说服他人的一种途径，然而，它同时也是一种弄清我们自身道德信念，弄明白相信什么以及为何如此的途径。"如果我们推理不出来，那么就要重新考虑我们在每一种情形中对何谓正当之举所作出的判断。"[1]

决策者的价值自觉要求决策者保持价值敏感性，经常进行价值反思，更为重要的是，有一个一以贯之的价值观念和价值取向来指导决策行为。如果决策者坚持以学生为本的价值取向，那么应该始终如一、言行一致。如果我们相信人性善的价值观，那么在学校的制度设计和相关决策中，始终应该坚持这一观念，用以指导决策行为。总体而言，有一个敏感的、反思性的、一以贯之的价值观念，是学校决策者确保价值自觉的基本条件。这涉及价值信念问题，只有深深的信念，才能保持始终如一的价值观。

二、学校决策者的价值自主

学校决策者的价值自主，是比价值自觉更高层次的品质。价值自主是指决策者在遇到各种外在的压力与冲突时，能够跳出自身，站在更高的位置上重新审视价值要求与伦理准则，并坚守自己的信念与价值准则。如果说价值自觉是指决策者反思自己决策行为的价值准则，即"我应该怎么做"，价值自主则是指决策者在遭到质疑或挑战时，不随波逐流，坚守自己的价值信念，并能够对行为做出理性的辩护。

在学校决策中，我们会经常遭遇角色冲突和责任冲突。在这些冲突中如何保持价值自主，是对决策者的考验。

角色与责任相关联。不同的角色意味着不同的责任，角色

---

[1]　[美]迈克尔·桑德尔：《公正——该如何做是好?》，朱慧玲译，25 页，北京，中信出版社，2011。

的冲突也是责任的冲突。"责任概念为不同文化和不同传统的人们界定了一套共同的价值标准。"①角色是一种身份定位，责任是角色内含的义务与职责，是角色的内在规定性。所以角色冲突本质上是责任冲突。在《行政伦理学：实现行政责任的途径》一书中，库珀提出了公共组织中责任冲突的概念，行政人员应该在两个方面担负责任：一是客观责任，即客观上为自己的行为给他人造成的影响负责；二是主观责任，即主观上使自己的行为与职业价值观相一致。"客观责任来源于法律、组织机构、社会对行政人员的角色期待。但主观责任却植根于我们自己对忠诚、良知、认同的信仰。"②客观责任与角色期待有关，指向公共利益；主观责任与内心良知有关，指向行政人的职业道德、伦理准则与价值信念。

　　在学校决策实践中，存在主观责任之间的冲突、客观责任之间的冲突、主客观责任之间的冲突。第一种冲突是客观责任与客观责任之间的冲突。解决这种冲突，应该求之于主观责任，求之于人的内心的价值观和道德准则，并以之进行价值排序，从而在两种客观责任之间寻找价值序阶，所谓行有不得，反求诸己。比如在学校决策实践中，一方面教育厅要求学校规范办学，不能同城借读等违规招生；另一方面当地政府却要求学校多招借读生与择校生，以缓解政府和学校的经费压力。面

①　[美]特里·L.库珀：《行政伦理学：实现行政责任的途径》，张秀琴译，5页，北京，中国人民大学出版社，2010。
②　[美]特里·L.库珀：《行政伦理学：实现行政责任的途径》，张秀琴译，84页，北京，中国人民大学出版社，2010。

对来自不同的行政权力的不同指令与声音，遇到这样的冲突，决策者则必须从内心的价值观和道德准则出发，审视比较何者更符合公共利益，更符合教育价值，更符合内心的价值信念。

第二种冲突是客观责任与主观责任之间的冲突。解决这类冲突，应该寻求一致性，即寻求理性与感性的一致，寻求内心的一致与完整。人内心的完整性很重要，也就是言行一致。内心的信念与行为的一致，是正直、自尊等主观责任感的体现。这种完整性不仅包括我们内心的完整性，也包括人与人之间相互关系的完整性。① 个人内心的完整性和人与人之间关系的完整性成就组织的完整性。

第三种冲突是主观责任之间的冲突。解决这类冲突的原则，是寻求"道德创造力"，即创造解决道德冲突的道德基础。在巴纳德看来，这是管理的实质，即通过角色澄清与角色调整，保持价值观与角色的一致性。比如案例 1-1 和 1-2 中反映的关于要求一线教师参与扶贫和巡河等非教育教学类的事，校长作为教师的利益代表，应该维护教师的利益，但同时校长作为教育主管部门任命的干部，有执行上级工作安排的责任。校长的角色冲突和责任冲突很明显，即对上忠诚与对下负责的问题。这时候应该重新评估和定义自己的角色，重新审视角色赋予的核心价值观，对自身角色的期待、义务和责任重新进行协商，以缓解内在和外在冲突的紧张，找到解决价值困境的

---

① ［美］特里·L. 库珀：《行政伦理学：实现行政责任的途径》，张秀琴译，89 页，北京，中国人民大学出版社，2010。

办法。

在学校决策中，遇到不道德的上级领导与不道德的上级组织时，保持价值自主，显得特别重要。一般来说，服从和忠诚于上级领导或上级组织是基本的行政准则，当上级或上级组织的要求与公众利益相违背时，或者上级领导及上级组织的要求与法律法规政策相违背时，我们如何面对不道德的上级领导和上级组织？忠诚与服从上级领导的职业伦理如何履行？这涉及行政伦理问题，考量决策者的价值自主性。我们对此进行了一项调查，结果如表 5-2 所示。

表 5-2　如何应对上级的不正当干预

应对上级的不正当干预的方式	人数/人	百分比/%
照上级指示办	24	8.2
据理力争	168	57.1
不妥协	7	2.4
不理睬	57	19.4
妥协	38	12.9
合计	294	100

调查表明，当遇到上级干预明显不当时，有 57.1% 的受访者表示会"据理力争"，据理力争无效的情况下仍"不妥协"的占 2.4%；19.4% 的受访者表示会采取"不理睬"的态度，12.9% 的表示以"妥协"进行应对，8.2% 的会"按照上级指示办"。在现实中，也有些学校管理者即便知道上级领导或上级组织的干预是不正当的，仍然忍气吞声，屈从于权力，丧失价值自

主性。

汉娜·阿伦特(Hannah Arendt)提出了"平庸之恶"的概念。在她看来，每个人只是国家机器下的官僚组织上的一个齿轮，在这个飞转的机器中不由自主地运转，其道德的自觉与伦理的自主消解在庞大的行政机器之中，当一个人丧失思考的能力，在强权面前停止思想，就很容易沦为服从权威的傀儡。在这个意义上，她认为个人的行为不属于康德所谓的"绝对的恶"，而是一种"平庸之恶"。但是正是这种平庸之恶，在不自觉和不自主的状态下，成了强权最大的帮凶。

保持价值自主，不仅要有内心的坚定信念，还要有勇气与智慧。对于上级的不正当干预或不道德行为，可以采取据理力争与抵制、缓冲、妥协与应付等策略。

一是据理力争和抵制。这是决策者保持价值自主的策略之一。从某种意义上说，学校管理者应该拥有"管理上级领导"的能力，即具有影响上级领导的能力。遇到上级组织和领导的不当干预，首先应该据理力争。如果据理力争无效，则可以采取相应的抵制措施。比如，某市迎接文明城市创建检查，区教育局要求所辖中小学各自承包一些路段，要求安排教师上街捡拾烟头和垃圾。面对这种强势的行政权力，学校管理者可以据理力争，说服领导。

二是缓冲。这是保持价值自主的另一种策略，是在上级的不正当干预与学校师生之间建立保护层和缓冲带，减少对学校决策的影响和对学校师生利益的损害。访谈中，一位校长如是说：

"假如上级对学校的干预是不当的，作为校长，你该怎么处理？

"压力该传递的传递，不该传递的不传递，还老师一片宁静，有一些工作就变通一下。举个小小的例子，有一次期末考试前两天接到一个任务，要求我们的学生完成一个投票任务，上面拿过来好几百张选票，让我们在选票上按照规定的序号打钩，比如投4号、8号的票，就要全部钩4号、8号上去。为什么啊？上级的任务，没有为什么。如果你有一个学习资料或事迹介绍也行啊，那我们可以给学生树立一个学习的榜样，进行思想品德教育，但是没有，就是为了完成一个投票任务，而且在这个时间点，过两天就期末考试了。

"怎么办呢？搞德育的同志非常头疼。据我所知，一般情况下，学校基本上是按照上面的要求把票发下去，班主任老师布置给学生，说：'同学们，按照要求投票了，投4号、8号。'按照要求投好票后，再一打一打整理好，但是同时还要求填写学生的姓名、性别、身份证号码，家庭地址、联系方式等信息。

"我说：'这个事情先放到旁边去，我自有办法。'怎么办呢？老师们还是正常考试，到批改试卷的时候，语数外老师在批改试卷，我让政教主任把音体美老师请到会议室，请老师们代劳投票。音体美老师虽说可以代劳，但是需要身份证号，那不麻烦学生还不行，我说："学校有这些资料，把资料调出来，

按要求全部填好，整理好后送过去，完成任务。"①（访谈5-1）

这位校长通过学校行政机构和行政人员，在教师和学生之间建立了一个缓冲带，保证教师和学生免受更多的干扰。这是管理实践中的一种颇为有效的策略。

三是妥协与应付。妥协不等于服从，服从是无原则的执行，妥协是有原则的执行，是保留意见的执行，是据理力争之后的执行，是形式上的应付，而不是实质上的执行。汉娜·阿伦特关于柏林墙的问题曾说过，对于翻越柏林墙的人，士兵有执行射杀的命令的职责，但是他也有将枪头抬高一厘米的自主。因此，哪怕一个普通的士兵，枪头向上一厘米，就是对自己的救赎，就是对正义的献礼。这种善其实潜藏在历史的每一个角落，潜藏在每一个人的身上，哪怕在最黑暗的时候，人性善也勇敢地发出了光。

在管理实践中，面对上级的不当干预，校长们有自己各不相同的招数：

"以形式对形式，我在班子会上就是这样讲的，不需要去落实。有些东西必须是以形式对形式，有些东西以内容对内容，就看你怎样在这个过程中怎么样去平衡了，既不引起主管部门的不满，因为你是下属，必须要接受他的领导，同时也要和学校实际相结合。"②（访谈5-2）

这是比较聪明的做法，既完成了上级的指令，也维护了学

---

① 对Y校长的访谈，访谈时间：2014-06-06。
② 对Q校长的访谈，访谈时间：2014-05-07。

校的原则。妥协也是一种实践智慧,是迂回绕道,是曲线前行。大自然中,曲线是一种常态,直线才是一种例外。河流总是曲折前行,但终归大海,如果一味直线前行,不折不回,往往可能成为一潭死水。光在不同的介质中有折射,折射走的不是直线,但却是最快的路线。天体运行的轨道是椭圆,而不是直线,圆运动是最美的运动,它是惯性与引力相互作用的结果。妥协就是社会生活中的圆运动。

学校决策者的价值自觉和价值自主,是调适学校决策价值取向、发挥决策主体作用的重要路径,可以有效消解人情、权力、金钱等的不当干扰,对于修正学校决策中的人情化、行政化和功利化偏向有正向作用。

三、学校决策价值两难的超越

我们做学校管理,经常会陷入两难之中:当教师与学生、学校与家长、上级与下级之间存在价值冲突时,是教师第一还是学生第一?是服从上级还是遵从下级?当目的与手段、动机与结果、程序与实质、合情合理合法等层面出现价值两难时,是强调目的与动机,还是重视过程与结果?是更多地关注合理性、合情性,还是合法性?当教育的均衡与发展、公平与效率发生矛盾时,是更关注均衡与公平,还是更关注效率与发展?当学校管理中自由与纪律、统一与个性需要价值选择时,是更多地考虑学校的法纪和统一性,还是更多地关注学生的自由与权力?等等。面对两难选择,我们往往会陷入价值迷思与困境之中，顾此失彼，难以两全。

学校决策中有许多价值两难困境。对于困境的超越，涉及决策的伦理问题。可以有三个策略供实践中参照：一是引入更高层次的价值和意义，超越两难；二是"度"的艺术，"执两而用中"，寻求两难之间的平衡；三是重新审视伦理法则，直面问题本身，从问题中寻找解决的办法。

（一）引入更高层次的价值和意义

从哲学上说，两极的存在是有意义的，"悖论的两极与电池的两极相似：把它们组合在一起，它们就会产生生活的能量；把它们分离，电流就会停止流动"[①]。

在一定的情况下，"发现真理不是靠非此即彼地割裂世界，而是靠既此既彼地拥抱世界；在一定的情况下，真理是表面对立事物的似非而是的联系。如果我们想认识那一真理，我们必须学会把对立事物作为整体来接受"[②]。正如诺贝尔奖获得者、物理学家玻尔（Bohr）提出的一个基本原理："与真命题相反的是假命题，但是与一个深刻真理相对立的，可能是另一个深刻的真理。"[③]

当我们全面而不是分离地看待事物，两难问题就已经被包容其中，关键是需要将许多单一的局部评价整合为整体的评价。"分离地认识世界，跟远距离地认识世界一样，都曾经给

---

① ［美］帕克·帕尔默：《教学勇气——漫步教师心灵》，吴国珍、余巍译，67页，华东师范大学出版社，2005。

② 同上书，65页。

③ 同上书，65页。

我们以巨大的力量。……但也给了我们一个支离破碎的现实观，摧毁了生活的完整和奇妙。"①分离地看待世界容易形成非此即彼的思维方式，这是决策中最为常见的陷阱，"非此即彼的二元论思维方式就像地球重力一样，它以一种无处不在的力量，总是企图强迫我们掉入它的陷阱，阻碍我们寻找其他可替代的方法"②。

我们不能超越二分法的根本原因可能是站位不够高。低维度的对立，在更高的维度上可能是同一事物的两面。比如在四维时空观中，时间和空间是一回事，可以相互转换。

所以当我们被拉向两极并感受到紧张时，那种张力并不是要固执地把我们撕裂，而是要使我们的心胸更开阔。当我们引入一种更高层次的价值与意义时，对立的双方就已经被包容和超越。比如"教师第一还是学生第一"的问题，当我们引入以人为本、以师生为本的概念时，就超越了二者的对立；又如"是遵循上级要求还是回应下级诉求"的问题，当我们以学校利益来审视时，也就不再是困境，而是转化为对立统一的两端。再如"是重视自由还是重视纪律"，舒马赫（E. F. Schumacher）在经典名著《小即是美》中说道："怎么能够使教育的纪律和自由的要求调和呢？实际上，有无数的母亲和教师都在做着这个工作，但是没有一个人能够写出一个解决办法来。他们的做法是

---

① ［美］帕克·帕尔默：《教学勇气——漫步教师心灵》，吴国珍、余巍译，64 页，华东师范大学出版社，2005。

② ［美］特里·L. 库珀：《行政伦理学：实现行政责任的途径》，张秀琴译，34 页，北京，中国人民大学出版社，2010。

这样的：带入一种更高层次的、超越了对立的力量——爱的力量……如此，有分歧的问题促使我们自己努力提升到高于我们自己的层次；它们既要求又激发来自更高境界的力量，从而就给我们的生活中带来了爱、美、善、真。就是因为有这些更高层次的力量，对立的事物才能在我们的生活环境中得以调和。"①

引入更高层次的价值和意义，可以让我们站在更高、更大的视界，来审视和超越两难困境。教育本身是一个张力的存在：平等与效率、个性与统一、自由与自律、解放与约束、对话与独白、科学与人文、应然与实然、教育之道与教育之术等。这种张力构成教育的两歧性，也蕴含着教育的生命力与创造力。千百年来，正是在教育张力的两端之间，无数教育先哲从中寻找教育的支点，也因而形成教育史上多样的教育思潮与教育实验。

（二）寻求价值两极之间的平衡

对于学校管理中的两难，任何偏向一端的做法都可能矫枉过正。中国传统文化中的中庸法则是东方智慧，即寻求事物之间的平衡。中庸法则并不是简单意义上的折中，不是骑墙，而是中和，所谓"执两而用中"，是"度"的智慧，是站在事物的两极，用实践智慧去寻求事物两端的平衡点。不拘泥，不偏激，追求的是适度、适当。

---

① ［美］帕克·帕尔默：《教学勇气——漫步教师心灵》，吴国珍、余巍译，85 页，华东师范大学出版社，2005。引用时有改动。

"从某种意义上来说，一切决策都是折中的问题。"①执两而用中，其实并不是寻求中点，而是寻找最佳的"度"。亚里士多德也曾经谈到中庸法则，他认为，万事都要取中庸之法，即寻找两个极端之间的居中之道。也就是说，超过了一定的度，好的效果会减弱，而坏的效果会加大。英文中的"利益"一词来自拉丁语 interesse，意为"居中，处于两个人或两个群体之间"。这也说明利益之道是中庸之道。

以公平与效率问题为例，偏重于任何一端都可能是失当的。在平等中注入一些合理性，在效率中注入一些人道，寻求二者之间的平衡才是恰当的选择。②

以理想与现实，即价值理性与工具理性的选择为例，也不可执于一端。既要仰望星空，也要脚踏实地。一味地在云端跳舞，则可能不接地气，久而沦为空想；一味地被裹挟在世俗的滚滚红尘中，则可能失去价值引领和追求，容易堕入平庸之恶。只有将理想与现实、利益与价值结合起来，才是合理与正当的。始终追寻教育理想的价值引领，才不至于在功利与浮躁、短视和偏见之中，迷失方向，失去追求。同时应当脚踏实地，面对现实，关注当下，聚焦问题，并从中寻找实践智慧，找到切实可行的解决之道。

---

①　[美]赫伯特·A.西蒙：《管理行为》，詹正茂译，5页，北京，机械工业出版社，2013。

②　[美]阿瑟·奥肯：《平等与效率》，王奔洲等译，116页，北京，华夏出版社，1999。

以学校管理中的情、理、法的冲突为例，这三种不同的价值取向本质上涉及的是学校管理中的科学、民主与道德的关系，各有内在的追求，也有不同的偏失。三者之间也并不必然一致，但三者之间的异质取向恰好构成了互补的可能，其间充满的张力也正是其活力的本源，其冲突与融合的过程有可能消解各自的偏失，保存各自的价值，形成更高层次的综合价值取向。比如，合法性追求，涉及的是管理的民主性，关注程序与机制、利益与平等、妥协与博弈、多数与少数；合理性追求，涉及的是学校管理的科学性，关注效率与效益、速度与质量、规律与技术、方法与手段；合情性涉及的则是学校管理中的伦理性，关注学校管理的人文性、公平感和可接受性。这三者的内在融合机制其实是目的与手段的统一，是程序与实质的统一，是过程与结果的统一，使学校管理在有效性、合法性、合理性、合情性追求上达成新的一致性。

案例 5-7：考场的意外①

这些年高考作弊手段越来越多，反作弊的要求也越来越高。2011 年某省高考考场纪律规定，考生不得带手机进入考场，否则按作弊论处。考生手册上明确写明、考试前广播明确告知上述规定。

高考第二天上午考试快结束的时候，一个考场的一名考生口袋里的手机掉在地上。监考教师将手机捡起来，放在讲台

———————————

① 案例根据校长访谈编写。

上，然后来到考点办公室，请示如何处理。

考点主任由校长担任。校长和考务组、偶发事件处理小组、教育局巡视组一起商量得出两种意见：一种意见是按照规定处理，判定为作弊；另一种意见认为，学生没有作弊动机，也没有作弊行为，因为打开机盖发现，手机电池早已卸掉了。讨论以后，大多数人觉得判定该同学作弊太残酷了，后果也太严重，意味着这个孩子今年不可能被录取，必须要再读一年。可是如果不定性为作弊，又违背了相关规定，担心有人会举报。

校长如何决策的确是两难。最后，校长想了个办法，他这样告诉监考教师："你在考试结束时宣布，教师捡到了一部手机，哪位同学丢失的请到考点办公室领取。如果有学生来认领，我们就判定他带手机违规，按作弊处理；如果没有学生来认领，我们就判定老师捡到了一部无主手机，不做任何处理。"

结果可想而知，这位同学没敢来。这是预想的结果，也是理想的结果。

这是一个触动决策者内心道德的两难，因为这关系到一个学生的切身利益，并且后果影响很大。这个两难涉及原则性与灵活性、程序与变通、人情与事理、正当与善的两难冲突。学校在决策时有几个情况需要考虑：第一，这个规定的合理性是否充分，携带手机和作弊之间有没有必然联系？第二，学生是未成年人，在高考的巨大压力下，有可能因疏忽而没有按照规定要求，违规携带手机，也很有可能是在压力之下，忘记将手机放在考场外面的书包里。第三，学生本人并无作弊的行为和动机，因为教师发现手机的电池都已经卸下了。第四，如果这部手机没有掉下来，结果会怎样？第五，按作弊处理的后果太过严重，是不可逆的，与学生的行为及动机之间并不匹配。

基于上述考虑，如果按照相关规定和程序来处理，显然具有程序上的合法性，但是合法的也不一定合情、合理，正当的做法与善的结果之间并不总是一致的。但是如果不按相关规定来处理，则违背了程序和原则，有违决策的公正性。看来，简单地、机械地、极端地处理这个问题，都不是好办法。那么，在原则性与灵活性、程序与策略、正当与善、情感与理性之间，有没有一个变通？能不能找到理性与情感的平衡点？因为明显有悖于情理的决策一定存在某些方面的不合理性，需要慎重对待。

平衡是一种"度"的智慧，凡事过犹不及，任何事物超出了两端的度，就会走向自己的反面。

中庸不是无原则的调和，也不是中间派和骑墙者，而是一种全面的思维方式。相反，任何走极端的思维方式，必然流于偏执、狭隘，最后是自我禁锢，走向死胡同。因此能兼顾两极，不仅是一种行为方式，也是一种思维品质，更是一种包容、开阔、全面的胸襟和素养。

(三)重新审视伦理法则，直面问题本身

有时我们发现，按照既有的伦理规则去考虑和解决问题时，出现两难对立且不可调和，这时候可能的选择之一是重新审视这些伦理法则，暂时搁置这些法则，追问这些法则的合理性。

从根本上说，现实中很多的矛盾与两难并不是问题本身存在的二律背反，而是伦理规则的二律背反，矛盾和冲突的形成是人为的，是历史的。这就要求我们在面对两难价值冲突时，以权变的思路修正或者悬置规则规范，直面问题本身，从问题出发，进行价值追问和价值辨析，从问题及其情境的提示中去寻找解决的思路与办法。

例如，古代常有忠孝不能两全的冲突，充满悲情色彩，令人扼腕。但如果是愚忠的忠，就不值得盲目遵行。当我们进一步追问忠孝伦理法则的合理性，可能就消解了两难冲突。

又如，作为学校管理者，服从上级是基本的行政职责要求。但是如果上级的要求明显不合理，就不能简单地按照服从上级的法则行事。据网络新闻报道，某地教育局召开防溺水安全会议，要求辖区内各学校教师承包1到2个池塘巡检，出了溺水事故要追究教师责任。有的地方政府为了完成脱贫攻坚任务，要求教师参与扶贫工作。有的地方政府甚至要求中小学教师参与征迁工作。有的地方教育行政部门在迎接文明城市检查时，要求教师承包街道路段，上街捡烟头，参与交通执勤等。这样的上级要求令人啼笑皆非，显然不宜无条件执行。

再如，有的地方要求中小学校学生在校不得使用和携带电子产品，禁止男女学生单独交往，统一要求学生发型和服装等，但却屡禁不止，陷入管理的两难困境。其实应该进一步追问，学校或者上级教育行政部门这些规定有没有正当的理由和根据？是不是符合教育的伦理和儿童的天性？这些深层次的追问才是有价值的。不机械地囿于固有的规范和规则，站在本源的高度重新审视规则本身，这显然是更高层次上的价值反思与伦理追问，也是学校管理者价值敏感性和价值创造力的重要体现。

伦理与道德是两个概念，伦理是为道德立法，当我们说人们的行为违背道德的时候，其实是在说违背了伦理规范，而这些伦理规范是人制定的，是人为的，也是历史的存在。有时候并不是人们的行为违背了道德，而是伦理规范不适应时代的发展，这时候，需要修正的不是人们的行为，而是伦理规范本身。伦理是冰冷的，道德是有温度的；伦理是刻板的，道德是鲜活的。我们说，人要成为有道德的人，但不能说，人要成为有伦理的人。伦理是道德的外衣，或者说道德是伦理外壳包裹下的内核。从人类原初开始，就面临着道德问题，但是伦理是之后出现的。也就是说最早的道德是无伦理的道德。

齐格蒙·鲍曼（Zygmunt Bauman）认为，后现代社会是一个破碎的社会，已经丧失了统一的、整体的伦理规则的可能性，伦理时代终结了，道德时代开始了，道德褪去了伦理的外壳，人类又必须面临无伦理的道德时代。"伦理的危机并不必然预兆着道德的危机；'伦理时代'的终结也并不就明显意味着道德的终结。"相反，"伦理时代的终结迎来了道德时代"。当然并不是没有伦理，社会就更道德了，"我们仅仅能在这样一种意义上称后现代是一个'道德的时代'：由于'解除禁锢'——紧紧包裹并模糊了道德自身和道德责任的现实的伦理的乌云消散——现在，当道德问题从人类的生活经历中出现时，当它们在一切不可挽救并且无法更改的矛盾情绪中面对道德本身时，我们有可能而且必然在它们裸露的真相中直接面对道德问题"①。这是道德造成极度痛苦的根源，也是道德自身从未面临过的机遇。

也许人们会认为，一个没有伦理的世界似乎不证自明就是一个不道德的世界。但是如果"剔除强加在道德和合乎伦理地制定的道德之间的特性标志，你会发现，道德并不随着有效的按伦理原则制定的法律的死亡而消失；而是相反地，道德找回了它自己。权力支持下的伦理规则，不是保护道德标准的摇晃的骨肉不致跌碎的坚固框架；而是一个坚硬的牢笼，它阻止道德标准伸展到它真实的尺寸，阻止它通过伦理和道德——指导和保持人们相互间的和睦相处——的最终考试。一旦框架松散，它包含的内容不会消散，相反地，它们却获得了巩固；除了它们内在的力量，没有什么可以依赖的"②。随着人们的注意力不再投向伦理立法的关注，人们可能更加自由、更加直接地面对他们的道德自治和不可避免的道德责任。

----

① ［英］齐格蒙·鲍曼：《生活在破碎之中——论后现代道德》，郁建兴、周俊、周莹译，41页，上海，学林出版社，2002。
② 同上书，34页。

我们的校园生活充满了矛盾与张力：自由与控制，安全与冒险，自我与他人，现实与理想，个人与集体，统一与个性，理想与现实，等等。正是这种张力的存在，构成学校生活的两极。"无数的矛盾、冲突、两极性、压力和对立物构成了我们教育的体验。"[①]也正是在这两极之中，蕴含着道德、伦理和教育的意义。作为学校管理者，能顾及两极的存在，就不会偏执地走向极端；如果能在两极中寻求平衡，那是一种智慧；如果能超越两极，并在两极中寻求教育和伦理的意义，则是难得的境界了。

综上所述，学校决策的三个维度的"应然"价值目标是"科学、正义与关怀"，学校决策价值取向的"实然"状态却存在"行政化、功利化和人情化"的负面倾向。我们应该改变学校决策的行政取向，追求学校决策的合理性和效用性，以科学的决策代替行政干预和权力的侵凌；改变学校决策的功利取向，追求学校决策的教育性，消解功利性和工具理性的追求，指向育人的价值目标；改变学校决策的关系取向，追求学校决策的合法性和正当性，以合法的程序和正当的目的来避开人情与关系的困扰。

学校决策价值取向的路径调适，应当着眼于学校决策的价值目标，注重决策的科学性、正义性和教育性，以"科学、正义与教育关怀"三位一体的目标为指引。第一，从学校决策主

[①]　［加］马克斯·范梅南：《教学机智——教育智慧的意蕴》，李树英译，61 页，北京，教育科学出版社，2014。

体出发，提高学校决策者的价值自觉和价值自主的意识与能力，提高学校决策群体的价值领导力和价值敏感性。第二，从学校组织出发，着眼于学校组织的价值重建，通过学校组织结构、制度与机制、决策文化的改善，培育和构建学校组织的价值功能。第三，从政府与社会的宏观视角出发，以理想主义引领教育，改变学校教育的功利化追求，建立良好的政校关系，改善教育生态与教育环境。通过以上调适路径，矫正学校决策中的偏失，去行政化、去人情化、去功利化，将学校决策的教育性置于首要位置，始终将人和对人的关怀放在学校决策的中央，真正以人为本，以师生的发展为本，使得学校决策始终指向师生的成长和学校的发展。

教育的问题总体上说是外部的问题，因为决定教育的往往是教育外部的因素。但是解决教育的问题首先要从教育内部做起。这似乎是个悖论，却也是当下教育的实情。我们不能只是依赖和指望外部力量，必须首先从教育人自身做起，从教育内部做起。

教育是理想主义的事业，需要激情与梦想、责任与使命、理想与追求、尊严与操守。教育需要信仰，没有信仰就不称其为教育。教育需要理想，需要知其不可为而为之的执着、虽九死而犹不悔的信念。教育需要教育人坚持不懈地实践与努力，积跬步以成千里，聚细流而成江海。

学校决策的价值追寻

　　我们甚至不是处在十字路口，十字路口之所以是
十字路口，是因为那里已有道路。现在我们知道我们
在造路——这是唯一能够存在的道路——我们只有通
过行走才能做到这一点。

——［英］齐格蒙·鲍曼

　　决策是学校管理的核心。对学校决策进行价值扫描，其实
也是对学校管理和学校教育的价值扫描。学校决策的价值困境
与偏向，也是学校教育与管理的价值困境与偏向。学校决策中
存在的若干问题，诸如理想的式微、民主的缺席、法制的虚
设、伦理的退场、功利的浸淫、权力的干预、人情的困扰……
也正是学校教育与管理所存在的问题的表征。

　　现实与理想之间、"所是"与"应当"之间，存在的差异比想
象的要大很多。在理想面前，始觉现实的无奈；在现实面前，
方知理想的遥远；在"所是"面前，深感"应当"的软弱。

当我们深入学校决策情境之中，能深深体味学校决策的价值困境。人们面临的困境常常有三种。第一种困境是存在的困境①，比如正当与善何者为先、动机与效果何者为重、权利与自由何者为大等价值难题。这种困境和两难似乎是注定的自然存在，千百年来，人类未曾解决，也许"面对善恶选择的永恒困惑（也即担当起自己的责任）正是道德存在的意义（惟一意义）"②。

第二种困境是时代的困境。这样的困境并不是自然存在的，而是时代的局限、现实的制约造成的困境，是一种历史的、阶段性的存在。当这种现实的局限消失之后，这些困境也自然消解。比如学校素质教育与应试教育的两难困境，"戴着镣铐跳舞"，并不仅是学校自身的问题，而是时代与社会的问题在学校教育中的反映。只要这种社会局限存在，"任何决择皆属正确也系错误，虽然偏于完整道德的选择比偏于生活的选择也许具有较高的伦理意义。"③

第三种是人为规则的困境，这是人们制定的规则本身制造的两难，比如学校管理中的某些规定：统一思想、统一发型、统一行为等，与人的天性和教育的伦理相悖，人为带来管理和

---

① 弗洛姆提出人类面临两种二律背反："存在的二律背反"和"历史的二律背反"。其实也就是人类面临的两种困境。这里借用他的观点对决策中的困境进行分析。参见[美]艾·弗洛姆：《自我的追寻》，孙石译，34～37 页，上海，上海译文出版社，2013。

② [英]齐格蒙·鲍曼：《生活在破碎之中——论后现代道德》，郁建兴、周俊、周莹译，3 页，上海，学林出版社，2002。

③ [美]艾·弗洛姆：《自我的追寻》，孙石译，207 页，上海，上海译文出版社，2013。

决策的困境。

学校决策的困境大体上是后两种困境，主要是时代的、社会的局限和制度的困境与两难。学校组织存在于现实的环境之中，受到时代的局限与现实环境的制约。任何组织都无法自足和自洽，必须适应所处的环境，才能生存与发展。组织是环境的产物，既是技术环境的产物，又是组织环境的产物，而且主要是组织环境的产物。"组织环境的范围之大，不仅包括其近邻，也包括远方的行动。组织不仅受当前情境的制约，也受过去历史的影响。组织所处的不仅是一个进行资源交换、投入和产出的技术系统，更是一个由行动者和文化构成的社会系统。"①"这种比组织更大的外部环境对于组织起着制约、塑造、渗透和革新的作用。"②

学校作为社会系统中的组织，必然受到组织环境，即受到现时的与历史的、政治、经济与文化力量的影响。这些力量直接或间接影响学校决策的价值取向，也就是说，学校决策的价值选择是组织环境与时代因素使然，其选择受制于现实的压力与环境的制约。面对价值冲突与困境，组织与个人的价值选择并非随心所欲，既不是自在的，也不是自由的。理论上假想的选择问题永远只是一个书本上的哲学问题，真实的选择问题却是一个复杂的实践问题。实践的行为受其背后的实践逻辑的支

---

① ［美］W. 理查德·斯科特、杰拉尔德·F. 戴维斯：《组织理论——理性、自然与开放系统的视角》，高俊山译，279 页，北京，中国人民大学出版社，2011。

② ［美］W·理查德·斯科特：《制度与组织——思想观念与物质利益（第 3 版）》，姚伟、王黎芳译，2 页，北京，中国人民大学出版社，2012。

配，有着较为复杂的现实掣肘与实践困境。在这个意义上，对于学校决策实践中的价值偏向与缺失，即便我们不能报以"理解之同情"，却也不忍苛责。真正需要被苛责的也许正是这个功利的时代。

面对时代的、社会的、制度的困境，学校决策的价值选择，充满道德的含义。在最难以选择的时候，选择才更能体现人的良知良能；价值引领也才愈显重要，才不至于在功利与浮躁、短视和偏见之中，迷失方向，失去追求。在学校决策行政化、功利化、人情化的惯性中，我们必须坚持教育性的价值信念，坚守教育必要的"乌托邦"①，始终不忘教育初心与目的，追寻学校决策的教育性、科学性、正义性的价值目标，廓清现实的迷茫，消解冲突的两难，超越价值的困境，指引行动的方向，始终走在理想与价值追寻的路上。

学校决策的价值追寻之路，曲折而漫长，任重而道远。需要始终不渝的教育情怀，也需要足够的教育智慧与教育勇气，以便在压力与困境面前，将教育信念落实在行动之中。"知"需要智慧，"行"需要勇气。"知"与"行"之间的距离，较之"知"与"不知"之间的距离，一点也不小。"有时候最遥远的距离就是从嘴到脚的距离。"②行胜于言，为了正当的理由去做正当的事，

---

①　国际 21 世纪教育委员会在《教育——财富蕴藏其中》一书的开篇提出"教育：必要的乌托邦"的口号，表达对教育理想的重视。参见国际 21 世纪教育委员会：《教育——财富蕴藏其中》，联合国教科文组织总部中文科译，1 页，北京，教育科学出版社，1996。

②　［美］詹姆斯・M. 库泽斯、巴里・Z. 波斯纳：《领导力——如何在组织中成就卓越（第 5 版）》，徐中、周政、王俊杰译，58 页，北京，电子工业出版社，2013。

即使行止之间，充满波折，也具有道德价值和意义。正如康德所说，即使没有力量最终实现其目的，甚至一事无成，"它也仍然像一颗珠宝一样因其自身的缘故而熠熠发光"[①]。

在学校决策价值追寻的路上，应当志远行近，始终仰望教育的理想，坚守教育的情怀，坚持学校决策的价值自信。我们如此珍视教育理想，不是不切实际，而是因为只有理想的指引，才不会在混沌的现实功利中迷失方向；只有理论上的自信，才有实践中的彻底

在价值追寻的路上，应当脚踏实地，扎根现实，聚焦问题，并从中寻找实践智慧。我们如此尊重现实，不是舍弃和遗忘理论，而是因为在深厚的实践关怀中才能感受到现实的温度、泥土的味道，只有触摸现实中的问题才有可能找到切实可行的解决之道。

在价值追寻的路上，必须始终进行反思、检视和批判，以理性态度来保持价值自觉和自主。我们注重批判，不是因为悲观和失望，而是因为在批判中才能更深刻地反思，重建价值目标，思考未来的路径与方向。

在学校决策价值追寻的路上，始终充满着现实的压力和困境。我们必须选择行动，不是我们看不到困难，而是因为只有坚持不懈地前行，才有可能一步步接近价值目标，直至抵达理想的彼岸。

---

① ［美］迈克尔·桑德尔：《公正——该如何做是好?》，朱慧玲译，130 页，北京，中信出版社，2011。

参考文献

［1］马克思恩格斯全集(第一卷)［M］. 北京：人民出版社，1957.

［2］马克思恩格斯全集(第二卷)［M］. 北京：人民出版社，1995.

［3］［德］马克斯·韦伯. 经济与社会［M］. 林荣远译. 北京：商务印书馆，1997.

［4］［德］马克斯·韦伯. 社会科学方法论［M］. 杨富斌译. 北京：华夏出版社，1999.

［5］［法］皮埃尔·布迪厄. 实践感［M］. 蒋梓骅译. 南京：译林出版社，2009.

［6］［加］亨利·明茨伯格. 管理进行时［M］. 何峻，吴进操译. 北京：机械工业出版社，2010.

［7］［加拿大］迈克尔·富兰. 学校领导的道德使命［M］. 邵迎生译. 北京：教育科学出版社，2005.

［8］［美］W. 理查德·斯科特，杰拉尔德·F. 戴维斯. 组织理论——理性、自然与开放系统的视角［M］. 高俊山译. 北京：中国人民大学出版社，2011.

［9］［美］W. 理查德·斯科特. 制度与组织——思想观念与物质利益(第 3 版)［M］. 姚伟，王黎芳译. 北京：中国人民大学出版社，2012.

［10］［美］阿尔伯特·赫希曼．欲望与利益［M］．冯克利译．杭州：浙江大学出版社，2015.

［11］［美］阿瑟·奥肯．平等与效率［M］．王奔洲等译．北京：华夏出版社，1999.

［12］［美］艾·弗洛姆．自我的追寻［M］．孙石译．上海：上海译文出版社，2013.

［13］［美］赫伯特·A.西蒙．管理行为［M］．詹正茂译．北京：机械工业出版社，2013.

［14］［美］雷德·海斯蒂，罗宾·道斯．不确定世界的理性选择——判断与决策心理学［M］．谢晓非，李纾等译．北京：人民邮电出版社，2013.

［15］［美］罗伯特·G.欧文斯．教育组织行为学——适应型领导与学校改革（第8版）［M］．窦卫霖，温建平译．北京：中国人民大学出版社，2007.

［16］［美］迈克尔·桑德尔．公正——该如何做是好？［M］．朱慧玲译．北京：中信出版社，2011.

［17］［美］曼瑟尔·奥尔森．集体行动的逻辑［M］．陈郁，郭宇峰，李崇新译．上海：格致出版社，上海三联书店，上海人民出版社，1995.

［18］［美］奈尔·诺丁斯．教育哲学［M］．许立新译．北京：北京师范大学出版社，2008.

［19］［美］内尔·诺丁斯．学会关心：教育的另一种模式（第2版）［M］．于大龙译．北京：教育科学出版社，2011.

［20］［美］帕克·帕尔默．教学勇气——漫步教师心灵［M］．吴国珍，余巍译．上海：华东师范大学出版社，2005.

［21］［美］塔尔科特·帕森斯．社会行动的结构［M］．张明德，夏遇南，彭刚译．南京：译林出版社，2012.

［22］［美］特里·L.库珀．行政伦理学：实现行政责任的途径［M］．张秀琴译．

北京：中国人民大学出版社，2010.

[23] [美]托马斯·J. 萨乔万尼. 道德领导：抵及学校改善的核心[M]. 上海：上海教育出版社，2002.

[24] [美]韦恩·K. 霍伊，塞西尔·G. 米斯克尔. 教育管理学：理论·研究·实践(第7版)[M]. 范国睿主译. 北京：教育科学出版社，2007.

[25] [美]西摩·马丁·李普塞特. 共识与冲突[M]. 张华青，林恒增，孙哲，张同俊译. 上海：上海人民出版社，2011.

[26] [美]西摩·马丁·李普塞特. 政治人——政治的社会基础[M]. 张绍宗译. 上海：上海世纪出版集团，2011.

[27] [美]约翰·罗尔斯. 正义论[M]. 何怀宏，何包钢，廖申白译. 北京：中国社会科学出版社，2009.

[28] [美]詹姆斯·E. 安德森. 公共政策制定(第5版)[M]. 谢明等译. 北京：中国人民大学出版社，2009.

[29] [西]费尔南多·萨瓦特尔. 哲学的邀请——人生的追问[M]. 林经纬译. 北京：北京大学出版社，2007.

[30] [英]G. 邓肯米·切尔. 新社会学辞典[M]. 上海：上海译文出版社，1987.

[31] [英]霍布斯. 利维坦[M]. 北京：商务印书馆出版，1985.

[32] [英]齐格蒙·鲍曼. 来自液态现代世界的44封信[M]. 鲍磊译. 桂林：漓江出版社，2013.

[33] [英]齐格蒙·鲍曼. 生活在破碎之中——论后现代道德[M]. 郁建兴，周俊，周莹译. 上海：学林出版社，2002.

[34] [英]齐格蒙特·鲍曼. 作为实践的文化[M]. 郑莉译. 北京：北京大学出版社，2009.

[35] [英]托尼·布什. 当代西方教育管理模式[M]. 强海燕译. 南京：南京师范大学出版社，1998.

[36] [英]休谟. 人性论(上册)[M]. 关文运译. 北京：商务印书馆，1983.

[37] [英]约翰·哈萨德. 时间社会学[M]. 朱红文，李捷译. 北京：北京师范

大学出版社，2009.

[38]［英］约翰·洛克．教育漫话［M］．傅任敢译．北京：教育科学出版社，1999.

[39]［英］约翰·穆勒．功利主义［M］．徐大建译．上海：上海世纪出版集团，2008.

[40] 陈嘉映．价值的理由［M］．北京：中信出版社，2012.

[41] 陈孝彬．教育管理学［M］．北京：北京师范大学出版社，1999.

[42] 费孝通．乡土中国［M］．北京：北京出版社，2005.

[43] 顾剑．管理伦理学［M］．上海：同济大学出版社，2012.

[44] 国际 21 世纪教育委员会．教育——财富蕴藏其中［M］．联合国教科文组织总部中文科译．教育科学出版社，1996.

[45] 黄光国等．人情与面子——中国人的权力游戏［M］．北京：中国人民大学出版社，2010.

[46] 李德顺．价值论———一种主体性的研究［M］．北京：中国人民大学出版社，2013.

[47] 李希贵．学校转型［M］．北京：教育科学出版社，2014.

[48] 刘复兴．教育政策的价值分析［M］．北京：教育科学出版社，2003.

[49] 孟繁华．教育管理决策新论——教育决策机制的系统分析［M］．北京：教育科学出版社，2002.

[50] 祁型雨．利益表达与整合——教育政策的决策模式研究［M］．北京：人民出版社，2006.

[51] 石中英．教育哲学的责任与追求［M］．合肥：安徽教育出版社，2007.

[52] 司马迁．史记［M］．郑州：中州古籍出版社，1994.

[53] 苏曦凌．行政人的非理性世界——行政政策的非理性维度研究［M］．北京：光明日报出版社，2013.

[54] 王伟光．利益论［M］．北京：人民出版社，2001.

[55] 王玉樑．21 世纪价值哲学：从自发到自觉［M］．北京：人民出版社，2006.

[56] 吴飞．浮生取义：对华北某县自杀现象的文化解读［M］．北京：中国人民大学出版社，2009.

[57] 吴亚林．价值与教育［M］．北京：北京师范大学出版社，2009.

［58］萧宗六. 学校管理学［M］. 北京：人民教育出版社，2008.

［59］晏辉. 现代性语境下的价值与价值观［M］. 北京：北京师范大学出版社，2009.

［60］袁方. 社会研究方法教程［M］. 北京：北京大学出版社，1997.

［61］袁贵仁. 价值观的理论与实践——价值观若干问题的思考［M］. 北京：北京师范大学出版社，2006.

［62］翟学伟. 人情、面子与权力的再生产［M］. 北京：北京大学出版社，2013.

［63］翟学伟. 中国人的脸面观——形式主义的心理动因与社会表征［M］. 北京：北京大学出版社，2011.

［64］张济正. 学校管理学导论［M］. 上海：华东师范大学出版社，1990.

［65］张新平. 教育管理学导论［M］. 上海：上海教育出版社，2006.

［66］周雪光. 组织社会学十讲［M］. 北京：社会科学文献出版社，2003.

后 记

这本书源于我的博士论文。论文写作于 2013 年，成稿于 2015 年，自写作至出版正好 10 个年头。近年来，虽然我也出版了几本专著，但我仍然认为，这本书是我的学术处女作。

10 年前我之所以选择"学校决策的价值取向"这个研究命题，是因为我在长期的学校管理实践中，经常遭遇到决策的价值困境和价值迷思，比如：在当前与长远、局部与全局、公平与效率、规则与人文、情感与理性、手段与目的、动机与结果、自由与纪律、统一与个性、集体与个体、原则性与灵活性，等等两歧性的价值选择中，常常措置失宜。正如库珀所说："通常，我们不把这种困境视为伦理问题，而只把它当作实际工作的问题，可是，从根本上说，这种困境涉及我们是如何有意和无意地对价值观和原则进行排序的。因此，它既是实际工作中的问题，也是伦理问题。"

学校决策无疑是一种价值活动，是价值判断、价值选择与价值平衡的过程。有人认为学校决策是一门科学，也有人认为它是一种艺术，在我看来，学校决策是一种伦理性的价值活动。育人是学校管理与教育的核心目的，学校决策直接关涉到人的成长，因此学校管理与决策天然具有教育性、价值性和伦理性。从价值论的角度来研究学校管理与决策中的价值困境、价值取向和价值追求，唤醒学校管理者的价值自觉与价值自主，给学校决策者以价值指引，显然具有理论与实践的双重意义。

我作为长期在学校管理一线的教育工作者，进行这样的研究具有天然的便利，也有着明显的不足。所谓便利，是我20多年的学校管理实践，让我对学校管理与决策中的若干价值问题有着真实的深刻体验，也有着较为清醒的反思。所谓不足，一是我的理论视野与理论素养不足以支持深度的理论探讨，二是作为研究者，应当与被研究对象之间保持一定的距离，以保有观察的敏感性、分析的客观性和研究的独立性；而我作为一线管理者，在研究中难免带有一定程度的主观性，甚至不自觉地为学校管理者和现实辩护。所以我特别希望读者能以批判的眼光对待这一可能存在的研究缺陷和不足。

本书成文于10年前，文中所引用的案例发生时间虽已久远，但从今天的学校管理实践看来，仍然没有太多的变化，其中的若干现象仍然在现今的学校管理与实践中重复性地出现。所以对于这些案例，可以进行时间上的脱敏。在某种意义上说，过去，也即当下，甚或也昭示将来。

在本书即将付梓之际，特别感谢我的博士生导师石中英老师给予我的学术指导与引领；感谢我工作 30 多年来的诸位领导与同事对我的支持和帮助，正是多年来我和同事们的学校教育与管理实践，成为本书的实践性源泉；还要感谢北京师范大学出版社的编辑郭兴举老师、鲍红玉老师和钱君陶老师，他们在编辑过程中对书稿进行了认真而专业的审改。

汪正贵

2023 年 7 月 21 日于青岛